U0819797

本书由
中央高校建设世界一流大学（学科）
和特色发展引导专项资金
资助

中南财经政法大学“双一流”建设文库

中｜国｜经｜济｜发｜展｜系｜列｜

衰退企业业绩扭转问题研究

姚宏善　著

中国财经出版传媒集团
中国财政经济出版社

图书在版编目（CIP）数据

衰退企业业绩扭转问题研究／姚宏善著．-- 北京：中国财政经济出版社，2019.12

（中南财经政法大学“双一流”建设文库．中国经济发展系列）

ISBN 978－7－5095－9410－0

Ⅰ.①衰…　Ⅱ.①姚…　Ⅲ.①企业管理－财务管理－研究　Ⅳ.①F275

中国版本图书馆 CIP 数据核字（2019）第 246079 号

责任编辑：武志庆　　　　责任校对：胡永立

封面设计：陈宇琰

衰退企业业绩扭转问题研究

SHUAITUI QIYE YEJI NIUZHUAN WENTI YANJIU

中国财政经济出版社 出版

URL：http：//www.cfeph.cn

E－mail：cfeph@cfemg.cn

（版权所有　翻印必究）

社址：北京市海淀区阜成路甲 28 号　邮政编码：100142

营销中心电话：010－88191537

北京财经印刷厂印装　各地新华书店经销

787×1092 毫米　16 开　10.25 印张　162 000 字

2019 年 12 月第 1 版　2019 年 12 月北京第 1 次印刷

定价：47.00 元

ISBN 978－7－5095－9410－0

（图书出现印装问题，本社负责调换）

本社质量投诉电话：010－88190744

打击盗版举报热线：010－88191661　QQ：2242791300

总　序

“中南财经政法大学‘双一流’建设文库”是中南财经政法大学组织出版的系列学术丛书，是学校“双一流”建设的特色项目和重要学术成果的展现。

中南财经政法大学源起于1948年以邓小平为第一书记的中共中央中原局在挺进中原、解放全中国的革命烽烟中创建的中原大学。1953年，以中原大学财经学院、政法学院为基础，荟萃中南地区多所高等院校的财经、政法系科与学术精英，成立中南财经学院和中南政法学院。之后学校历经湖北大学、湖北财经专科学校、湖北财经学院、复建中南政法学院、中南财经大学的发展时期。2000年5月26日，同根同源的中南财经大学与中南政法学院合并组建“中南财经政法大学”，成为一所财经、政法“强强联合”的人文社科类高校。2005年，学校入选国家“211工程”重点建设高校；2011年，学校入选国家“985工程优势学科创新平台”项目重点建设高校；2017年，学校入选世界一流大学和一流学科（简称“双一流”）建设高校。70年来，中南财经政法大学与新中国同呼吸、共命运，奋勇投身于中华民族从自强独立走向民主富强的复兴征程，参与缔造了新中国高等财经、政法教育从创立到繁荣的学科历史。

“板凳要坐十年冷，文章不写一句空”，作为一所传承红色基因的人文社科大学，中南财经政法大学将范文澜和潘梓年等前贤们坚守的马克思主义革命学风和严谨务实的学术品格内化为学术文化基因。学校继承优良学术传统，深入推进师德师风建设，改革完善人才引育机制，营造风清气正的学术氛围，为人才辈出提供良好的学术环境。入选“双一流”建设高校，是党和国家对学校70年办学历史、办学成就和办学特色的充分认可。“中南大”人不忘初心，牢记使命，以立德树人为根本，以“中国特色、世界一流”为核心，坚持内涵发展，“双一流”建设取得显著进步：学科体系不断健全，人才体系初步成型，师资队伍不断壮大，研究水平和创新能力不断提高，现代大学治理体系不断完善，国际交流合作优化升级，综合实力和核心竞争力显著提升，为在2048年建校百年时，实现主干学科跻身世界一流学科行列的发展愿景打下了坚实根基。

“当代中国正经历着我国历史上最为广泛而深刻的社会变革，也正在进行着人类历史上最为宏大而独特的实践创新”，“这是一个需要理论而且一定能够产生理论的时代，这是一个需要思想而且一定能够产生思想的时代”①。坚持和发展中国特色社会主义，统筹推进“五位一体”总体布局和协调推进“四个全面”战略布局，实现“两个一百年”奋斗目标、实现中华民族伟大复兴的中国梦，需要构建中国特色哲学社会科学体系。市场经济就是法治经济，法学和经济学是哲学社会科学的重要支撑学科，是新时代构建中国特色哲学社会科学体系的着力点、着重点。法学与经济学交叉融合成为哲学社会科学创新发展的重要动力，也为塑造中国学术自主性提供了重大机遇。学校坚持财经政法融通的办学定位和学科学术发展战略，“双一流”建设以来，以“法与经济学科群”为引领，以构建中国特色法学和经济学学科、学术、话语体系为己任，立足新时代中国特色社会主义伟大实践，发掘中国传统经济思想、法律文化智慧，提炼中国经济发展与法治实践经验，推动马克思主义法学和经济学中国化、现代化、国际化，产出了一批高质量的研究成果，“中南财经政法大学‘双一流’建设文库”即为其中部分学术成果的展现。

文库首批遴选、出版二百余册专著，以区域发展、长江经济带、“一带一路”、创新治理、中国经济发展、贸易冲突、全球治理、数字经济、文化传承、生态文明等十个主题系列呈现，通过问题导向、概念共享，探寻中华文明生生不息的内在复杂性与合理性，阐释新时代中国经济、法治成就与自信，展望人类命运共同体构建过程中所呈现的新生态体系，为解决全球经济、法治问题提供创新性思路和方案，进一步促进财经政法融合发展、范式更新。本文库的著者有德高望重的学科开拓者、奠基人，有风华正茂的学术带头人和领军人物，亦有崭露头角的青年一代，老中青学者秉持家国情怀，述学立论、建言献策，彰显“中南大”经世济民的学术底蕴和薪火相传的人才体系。放眼未来、走向世界，我们以习近平新时代中国特色社会主义思想为指导，砥砺前行，凝心聚

① 习近平：《在哲学社会科学工作座谈会上的讲话》，2016年5月17日。

力推进“双一流”加快建设、特色建设、高质量建设，开创“中南学派”，以中国理论、中国实践引领法学和经济学研究的国际前沿，为世界经济发展、法治建设做出卓越贡献。为此，我们将积极回应社会发展出现的新问题、新趋势，不断推出新的主题系列，以增强文库的开放性和丰富性。

“中南财经政法大学‘双一流’建设文库”的出版工作是一个系统工程，它的推进得到相关学院和出版单位的鼎力支持，学者们精益求精、数易其稿，付出极大辛劳。在此，我们向所有作者以及参与编纂工作的同志们致以诚挚的谢意！

因时间所囿，不妥之处还恳请广大读者和同行包涵、指正！

中南财经政法大学校长

前言

自2008年美国金融危机以来，世界经济又经历了十余年的发展。按照经济周期理论，在生产高潮到来后，产品必然供过于求，企业利润将进入下降周期，可能将有大量公司进入困境。当企业业绩持续恶化一段时间以后，企业就会陷入衰退。为避免企业完全失败（即破产），对企业进行成功或部分成功扭转，对企业家、投资人和整个经济都非常重要。实际上，许多公司都会经历衰退，Schendel和Patton（1976）发现，1976年标普500指数中的1/3的公司都经历了连续四年盈利下降。按照连续两年Z分数为负的衰退标准，这些衰退公司中仅1/3能够恢复盈利，2/3不能恢复。衰退公司的业绩扭转是理论界和实务界都很关心的问题。

2018年我国中央经济工作会议提出，资本市场在金融运行中具有牵一发而动全身的作用，要通过深化改革，打造一个规范、透明、开放、有活力、有韧性的资本市场，提高上市公司质量，完善交易制度，引导更多中长期资金进入，推动在上交所设立科创板并试点注册制尽快落地。健康公司群体是健康资本市场的基石。

自1992年以来，我国证券市场的规模不断壮大。随着我国经济的持续高速增长，与经济结构匹配的金融结构发生了历史性变化。中国证券市场规模已经成为全球第二，中国股市正逐步发挥着经济晴雨表的功能。随着中国经济规模已经跃升为世界第二，中国资本市场必将迎来更大发展，金融结构将进一步优化。在1990—1997年间，资本市值与银行资产比例在日本为1∶1.7，美国、加拿大、澳大利亚为1∶1，韩国为1∶1.6。按照这个趋势计算，我国2018年GDP为90.03万亿元，A股市值43万亿元。预计GDP到2020年大约为95万亿元，以1∶1的经济证券化率，沪深市场市值2020年将达100万亿元左右，A股上市公司数量有望从目前的3500家增加到4000家。机构投资者快速发展，其中共同基金、信托基金、企业年金、保险基金和社保资金等机构投资者在证券市场上的份额将大大提升。届时债券市场规模将超过股票市场，可能会是股票市场规模的2—4倍。

随着资本市场上市公司数量规模的扩大，也有一些公司因为多方面原因出现财务困难，并在资本市场中形成了一个特殊的非常庞大的群体，即财务困境公司。围绕财务困境成因、识别、控制和衍生应用派生出了一个新的行业。在美国，该行业业务量达到一万亿美元以上，容纳数十万人就业（Altman，2006），其中包括企业扭转顾问、破产和重组律师、破产法官、会计师、银行家、财务咨询人员、秃鹫投资者（vulture investor）、研究人员和投资银行等。

结合国内外金融市场中日益庞大的财务困境公司群体，作者就困境公司扭转问题进行了深入分析。本著作就是作者在这方面研究的一个阶段性成果，本书结构安排如下：

第1章是绪论，包括公司扭转问题的研究背景和研究意义。

第2章简要回顾企业扭转战略基本理论，包括：利润最大化理论、生存基础理论、权变理论、资源基础理论、财务困境理论、委托代理理论。同时重点介绍了企业扭转框架，包括扭转内容、扭转过程、扭转环境和扭转结果。

第3章基于扭转问题量化研究的趋势，介绍了扭转量化模型相关问题。包括扭转模型使用的变量、常用的扭转计量模型。

第4章用现金流信息对扭转效果识别进行了检验。

第5章给出了一个中国公司的扭转案例。

公司扭转问题是一个非常复杂的问题，牵涉管理学、会计学、金融学、经济学、社会学、法律学和数学等多学科知识，随着数据的可得性和数据质量的提高，数学工具的更加先进，结合多种会计比率和非会计数据，采用大数据思维，从多维角度建立越来越量化的扭转模型渐成趋势。量化水平的提高，解释变量和被解释变量之间的因果关系更加清晰和科学，对于扭转公司的识别精度还将进一步提高，扭转问题结果将变得更有价值，也将在经济生活中发挥更大的作用。因为数量急剧增加的衰退公司已经成为必须要重点关注的特殊群体，此方面尚有许多问题需要做出经济解释和经济预测，这些无论是在理论界还是实务界都是迫切需要解决的问题。

作　者

2019年6月

目　录

第1章　绪　　论

当公司时常面临近乎破产、丧失市场、低等业绩时，战略研究者就扭转业绩恶化方面几乎没有向经理们提供帮助。

——Winn（1993）

1.1　研究背景

1.1.1　国外公司衰退现象普遍存在

在当今日益国际化的经济浪潮中，企业所面临的不确定性比以往任何时候都多，这种不确定性包括公司常规管理、利率、汇率、市场竞争、法律、媒体负面报道①、宏观政策（财政政策、货币政策、收入政策、产业政策）、国际经济环境（贸易保护主义、国际市场竞争）等。任何环境因素的变动都可能将企业置于不利的地位，使企业面临风险。因此现在也是大量企业发生财务困境和经营失败的时代。企业的盛衰变化也是经济市场的一种规律，很多企业都发生过大大小小的危机，进而导致持续性或暂时性衰退，有的企业扭转了困境，而有的企业则没有渡过危机，走上了破产清算的道路。

自2008年美国金融危机以来，世界经济又经历了10余年的发展。按照经济

---

① 在媒体发达的今天，报刊、杂志、电视、广播、网络、自媒体（博客、个人网站、主页、微博、微信）、融媒体（把广播、电视、互联网的优势互为整合，互为利用）百花齐放，经常出现关于企业的各种负面消息，使企业防不胜防。

周期理论，在生产高潮到来后，产品必然供过于求，企业利润进入下降周期，将有大量公司进入困境。当企业业绩持续恶化一段时间以后，企业就会陷入衰退。虽然这种衰退原因有外部因素，如竞争环境激烈或环境剧烈变化；也有内部因素，如经营不善和资源无效管理。

实际上，许多公司都会经历衰退，Schendel 和 Patton（1976）发现，1976 年标普 500 指数中 1/3 的公司都经历了连续四年盈利下降。在 2010 年，标普 500 指数中的近一半（49.8%）公司在过去 5 年中有连续 3 年盈利下降。即使处在快速增长行业，有些公司也会经历衰退。Ndofor，Vanevenhoven 和 Barker (2013)[①] 指出，在 1990 年到 1996 年的软件高速发展时期，也有 15% 的软件公司经历了衰退（Ndofor，Vanevenhoven and Barker，2013）。那些经受衰退的公司，最终失败的多于恢复的（Pandit，2000）。Winn（1993，P. 48）在其专著《无结论的结果》中指出，当公司时常面临近乎破产、丧失市场、低等业绩时，战略研究者就扭转业绩恶化几乎没有向经理们提供帮助。Arogyaswamy，Barker 和 Yasai－Ardekani（1995，P. 493）也评论说扭转成功的公司区别于扭转失败公司还有许多未解决的问题。

公司扭转被定义为公司因为内外部原因，在经历一定时期持续威胁生存的衰退[②]后，业绩持续性恢复。公司陷入衰退是公司失败[③]的前兆。这种衰退可以长达几年，也有在短期内因发生特别事件而导致公司处于危险境地。成功的持续性恢复，可以表现为一段时期内股东可以接受的经济业绩改善，也可以是公司在所从事的领域中获得稳定的优越的竞争地位。

衰退公司占比很大，虽然衰退扭转艰难但还是有很多扭转成功。Schendel，Patton 和 Riggs（1976）用标准普尔 Compustat 数据库考察了 1952—1971 年的 1800 家公司，以连续 4 年净利润增长高于 GNP 增长的角度看，666 家（37%）公司遭遇了连续 4 年的衰退，其中仅 68 家（10%）恢复。

Bibeault（1982）研究了 1967 年到 1976 年在纽约交易所、美国交易所、NASDAQ 交易所交易的 4090 家公司，这些公司占美国工业 70% 的资产和 90% 的利润。其中 1094 家（27%）经历了净利润或盈利严重下降（下降率大于或等于

---

① Ndofor，H. A.，VanEvenhoven，J.，and Barker III，V. L.. Software firm turnarounds in the 1990s：An analysis of reversing decline in a growing，dynamic industry. Strategic Management Journal，2013，34：1123－1133.

② 公司衰退发生在公司经营过程中业绩持续恶化和持续面临困境，衰退是公司失败的先兆。

③ 公司失败后，公司没办法融资（发债和发行股票）来扭转衰退，不能在现有管理层领导下运营，破产就表明公司完全失败。

80%）。这些公司中，仅369家（33%）公司盈利恢复，即大约67%的没有恢复。Hambrick和Schecter（1983）调查了Profit Impact of Market Strategy（PIMS）数据库，包含200家公司和2000家经营单位，根据他们的标准其中260家（33%）被划分为低效的公司中，只有53家（20%）成功恢复，80%的公司恢复失败。Slatter's（1984）分析了英国1961年到1976年间2100家公司，其中大约20%需要扭转。Chowdhury和Lang（1996）分析了1918家美国的小公司（员工人数低于500），其中153家（8%）需要扭转，依据他们的确定标准（连续两年投资回报率低于机会成本），仅27家（17.6%）恢复（Pandit，2000，P.32—33）。

美国波士顿咨询公司对《财富》杂志世界500强企业的研究显示，20世纪50年代《财富》所列的世界500强企业，近一半在90年代的名单中消失。而70年代的500强企业，到90年代也已经有近1/3在名单中消失。不仅中小公司可能会遭遇失败，大公司同样也会遭遇失败。

1.1.2 我国衰退公司也已形成规模

随着我国证券市场的逐步发展和完善，上市公司已成为资本市场的基石和中枢，根据万德资讯金融数据库的统计，截至2018年底，沪深交易所已经有A股上市公司3500余家，新三板挂牌超10000家公司。但由于各方面因素的影响，我国上市公司在资产质量、运营效率、管理层诚信等各个方面良莠不齐。

从总体情况来看，我国上市公司的经营业绩仍然不容乐观，最突出的问题就是上市公司的亏损面和亏损额有逐年增加的趋势，部分上市公司还出现了严重的财务危机。随着上市公司数量的不断扩大，因为各种原因发生财务困境的上市公司数量也不断增多。为了保护投资者利益，我国证券监督管理部门特别采取了针对财务困境公司的特别风险警示制度，自从1998年3月16日中国证券监督管理委员会颁布证监交字〔1998〕6号文件《关于上市公司状况异常期间的股票特别处理方式的通知》以来，深沪两市被特别处理（即ST）的公司呈现逐年增加的态势。1998年4月27日“辽物资”（000511.SZ）成为首家ST上市公司，根据证券之星网站（www.stockstar.com）与万德资讯（www.wind.com）的统计，截至2015年，累计被特别处理的公司近500家，形成一个颇具规模的困境公司群体。上市公司占有比非上市公司更优厚的资源尚且如此，非上市公司陷入衰退就更常见了，据中国国家统计局（2004）统计，我国企业的平均寿命只有7.3年。有资料显示，在中关村注册的6000家企业，寿命超过8年的不到3%（冉敏，2009）。中国大型企业平均寿命约为8年，中小型企业平均寿命约为2.9年，中国企业平均寿命约为3.5年。美国大型企业平均寿命约为40年，中小型企业平均寿命约为8年，美国企业平均寿命约为12.5年。美国大型企业平均寿命为中国企业的5倍；美国中小型企业平均寿命为中国中小型企业平均寿命的2.7倍；总体美国企业平均寿命为中国企业的3.6倍。

为提高证券市场的效率，让低效率的公司退出证券市场也已大规模启动。自2001年PT水仙退市以来，我国退市制度经过多次修改，也逐渐完善①。退市分为两类，分别是主动退市和强制退市（见附录2）。沪深交易所已经实施了资本市场多例首单退市，如因财务问题被强制退市首例长航油运（2014年退市）、首单重大违法退市长生生物（2018年退市），面值退市第一股中弘股份（2018年退市）等。

截至2019年4月25日，A股市场两市共计115家公司退市②。新三板上市公司退市规模更大，仅2019年4月，就有330家公司退市。其中退市原因不尽相同，或由于公司安排主动退市，或因为财务原因强制退市，或由于重大违法强制退市。退市比例约占A股总量的3%。在成熟资本市场，公司退市是一种十分普遍和正常的市场行为。资料显示，根据有关统计，美国纳斯达克每年大约有8%的公司退市，而美国纽约证券交易所的退市率为6%。2009年，纽约交易所新上市公司94家，退市212家（李光磊，2012）③。

1.1.3 衰退公司证券买卖市场初步形成

因为有了相当规模的困境公司，也产生了围绕这一特殊群体的理论与实证研究群体。围绕困境公司的困境行业外延也迅速扩展，对财务困境信息的需求也与日俱增。特别是在当前资本市场日益壮大的环境下，财务信息的使用者对

① 2012年4月20日，深交所正式发布《深圳证券交易所创业板股票上市规则》，规则中明确了创业板退市相关规定。2012年6月28日，沪深交易所推出主板、中小板退市制度。2012年12月16日，沪深交易所发布退市配套规则，明确退市制度的有关细节。2014年10月，证监会出台《关于改革完善并严格实施上市公司退市制度的若干意见》被称为“史上最严退市新规”，增加了对欺诈发行、重大信息披露违法等重大违法公司强制退市制度。2018年7月27日，证监会正式发布《关于修改〈关于改革完善并严格实施上市公司退市制度的若干意见〉的决定》，要求完善重大违法强制退市的主要情形，强化证券交易所的退市制度实施主体责任。

② “史上最严退市制度”落地，主动退市将不断涌现［OL/N］．第一财经，2018-11-22.

③ 李光磊：《退市打响“第一枪”价值投资理念再提升》，《金融时报》，2012年12月26日。

财务信息含量提出了不同于以往的许多要求。根据美国的财务会计概念框架，相关性和可靠性构成会计信息的有用性，相关性的具体要求包括预测价值、反馈价值和及时性。有时，有用性似乎比谨慎性更符合潜在使用者需求。并且为了满足投资者需要，公司需要更早更快披露会计信息，甚至公布盈利预测（夏冬林，2004）。财务困境信息的潜在使用者包括，个人投资者、机构投资者、投资银行、商业银行、法院、会计师、评估师、律师和证券监管人员等。

（1）衰退公司证券需求群体形成。在发达资本市场，专门有一群“秃鹫”投资者，通过买进陷入财务困难或经营有待改善的公司的证券，通过直接或间接对公司施加影响，在改善公司的质量后卖出，从而获取高额回报。如果以股票形式偿付的话，则在持有几年后卖出。在多数情况下，秃鹫投资者在这一不起眼的投资领域使市场更有效运作，从而也使企业的重组变得更加容易，不排除在某些案例中秃鹫投资者及其主张会妨碍企业脱离破产境地。

截至2018年1月底，我国境内共有基金管理公司113家，其中中外合资公司45家，内资公司68家；取得公募基金管理资格的证券公司或证券公司资管子公司共13家，保险资管公司2家。以上机构管理的公募基金资产合计12.17万亿元。

截至2017年1月底，我国100亿元以上私募股权基金有123家，百亿元以上证券私募基金27家。私募的管理规模达到10.98万亿元，比2016年底猛增7400亿元，即将站上11万亿元关口①。中国私募基金已进入发展快车道。在私募规模大涨背后，股权私募贡献了主要力量，最新实缴规模数据显示，股权私募规模达到4.77万亿元，是证券私募的1.71倍，占总规模的一半以上。数据也显示，2017年1月备案的私募基金产品数量超过4.75万只，比2016年底增加了1018只；同时已登记的私募管理人为1.8万家，私募从业人员28.05万人；百亿以上私募机构数量达到147家。

基金业协会分类公示数据显示，私募股权基金中100亿以上的有123家，包括红杉资本、歌斐资产、鼎晖投资、弘毅投资、昆吾九鼎投资、明石投资等耳熟能详的股权私募大佬，还包括一些地方性的股权私募，比如重庆城投建信基础设施建设股权投资基金、贵州铁路发展基金等。二级市场的百亿以上的证券私募基金，格上理财数据显示，截至2016年第四季度，景林资产、淡水泉投资、

① https：//www.fengjr.com/cn/bank/detail-zx-106650，凤凰金融网，2018年10月23日。

星石投资、朱雀投资、重阳投资、千合资本等多家以股票为主的私募进入百亿梯队，同时青骓投资、佑瑞持投资、乐瑞投资、茂典投资等多家以债券为主要策略的私募进入百亿梯队。

我国也有为数不多的秃鹫投资者，在二级资本市场上拥有很多成功投资经历。他们投资的成功有一定必然性，对公司数据进行了深入研究，有的还有规模可观的研究团队，对公司由“坏”转“好”有独特判断。有一群体，专门投资于股市中的特别处理（ST）公司，被称之为“ST 专业户”。如吴鸣霄，被中国股民誉为“ST 大王”“资本大鳄”“中国巴菲特”和“中国索罗斯”。根据公开披露的信息来看，其持股市值超过 9 亿元。作为资本市场上成名最早的“牛散”之一，吴鸣霄涉及的领域很多，而在 2009 年之前的大牛市中，他成了 ST 板块最为成功的猎手。因为他在 ST 板块中成功投资多个重组题材，这让他的资金规模迅速增加，成为最为知名的 ST “牛散”，因此博得“ST 大王”名号。

21 世纪经济报道①，这样描述我国的部分秃鹫投资者：

“有些机构的策略就有专门去买风险比较高的债券，因为风险越高，收益越高，这种策略一般在市场叫作秃鹫策略。个别金融机构专门投资这种高风险债券，有点像秃鹫捕食，像风险投资一样，如果赚到一个，那么其他赔几个也没关系，总的来说也赚了。”

（2）衰退公司证券供给市场规模越来越大。按照 Pearce（2007）的标准，公司业绩连续 3 年下降就处于衰退阶段，我国因业绩下降而被特别处理（ST）和退市的公司完全可以归为衰退公司。就我国股票市场而言，2019 前 5 个月，A 股市场有 4 家上市公司实施退市，9 家公司被暂停上市，68 家被特别处理②。以每家被特别处理公司流通市值 20 亿元计，则特别处理公司（ST）每年新增市值规模超千亿元。加上新三板市场，衰退公司潜在市值更大。按照 Pearce（2007）连续 3 年业绩下降的标准，我国 ST 公司完全可以归类到衰退公司。如果考虑有些经过 3 年连续下降但没有达到连续两年亏损的公司也属于衰退公司，则衰退公司市场规模更加庞大。

我国困境公司违约债券规模也逐渐壮大，2018 年有 125 只信用债出现违约，总金额 1209.61 亿元，已经远超 2015—2017 年违约债券规模的总和。2017 年以来，企业违约趋势也没有放缓，有中信国安、康得新、河南众品等 16 家公司均

① 姜诗蔷：《秃鹫投资者争食垃圾债 违约债券走俏》，《21 世纪经济报道》，2019 年 5 月 30 日。
② 筱雪：《为“良心券商”示警 ST 点赞》，《证券日报》，2019 年 5 月 24 日。

出现了首次违约（姜诗蔷，2019）。有些私募机构人士看来，投资这类债券危险但是“很有赚头”。有些风险高的可能违约债券，被打折出售，通常5折出售，甚至低至1折。低价买入，也很有可能利润不菲。

正如希拉里·罗森伯格（Hilary Rosenberg，2006）所说，困境企业的证券市场已经从乡下集市变成了真正的大市场①。

与此同时，监管层也注意到了市场趋势，正式推出了违约债券转让服务。近日，证监会指导沪深交易所联合中国结算中心发布了《关于为上市期间特定债券提供转让结算服务有关事项的通知》及《关于为挂牌期间特定（非公开发行）债券提供转让结算服务有关事项的通知》。

1.1.4 国外公司扭转研究已形成跨学科重要研究分支

Lars Schweizer和Andreas Nienhaus（2017）做了一个有趣的统计，每次世界经济危机以后，学术界就会掀起研究公司困境与扭转的高潮，这个高潮以发表的文章数量为标志。学术研究的高潮比经济危机事件一般延迟7年。他们挑选了5个研究领域，即管理、金融、经济、会计和社会学，统计了这些研究领域1992年到2013年发表在排名前25的期刊②中关于公司困境和扭转的文章，使用关键词（包括破产、危机、衰退、违约、困境、生存和扭转）进行了检索，还使用附加关键词（转让、改组和重建）对所有文章进行了筛选，也包括谷歌学术（Google Scholar）的相关工作论文和未发表的作品。并对1992年以前的基础性论文进行了鉴别，确保相关文献不被遗漏，包括如Altman（1968）论文，他提供了第一个破产预测模型，该模型仍然为该领域的许多工作奠定了基础（Chava and Jarrow，2004；Ohlson，1980；Zmijewski，1984）。

通过样本文章与研究领域随时间变化的关系图（见图1-1）发现，经过一段时间的大动荡之后，就出现了一个相当大的文章发表高峰。1992—1993年，由于20世纪80年代的并购浪潮，有关研究的数量超过平均水平。2004—2006

① 希拉里·罗森伯格．兀鹫投资者［M］．上海：上海财经大学出版社，2006.

② 入选期刊有：管理学：《管理学院期刊》《行政科学季刊》《国际商业研究期刊》《管理学期刊》《管理研究期刊》《组织科学》《组织研究》《组织行为学研究》《战略管理期刊》《国际管理文献期刊》；金融学：《金融学杂志》《金融与定量分析杂志》《金融经济学杂志》《金融研究综述》；经济学：《美国经济文献》《产业与企业变革》《经济与管理战略》《经济展望》《兰德经济学》；会计：《会计文献》《会计与经济》《会计研究》；社会学：《美国社会学杂志》和《美国社会学文献》。

年期间，由于1997年亚洲金融危机爆发，特别是在2001年“9·11”恐怖袭击后，文献大量增加，尤其是管理文献。值得注意的是，近年来，金融学者越来越多增加这方面的选题，几乎达到了管理学者研究的发表水平。因此，宏观经济困境及其对公司的影响可以清楚地与后续几年关于扭转行为和重组研究的出版文章关联起来。

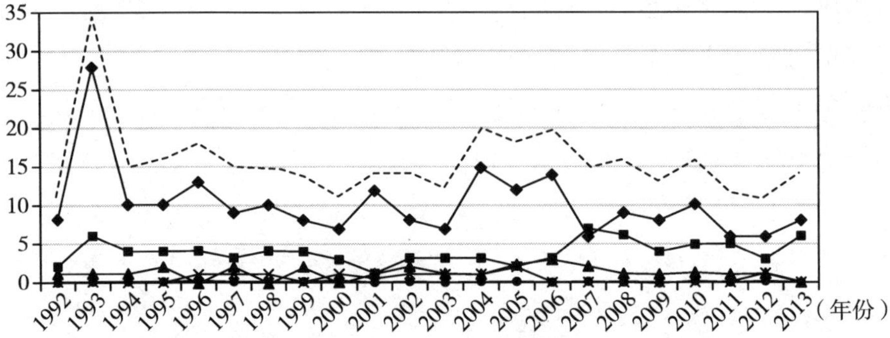

图1－1　扭转研究文献与时间变化关系图（纵轴为发表文献数，横轴为时间）

1.2　研究意义

1.2.1　我国对衰退公司扭转研究不足

为避免企业完全失败（即破产），在衰退阶段①对企业进行成功或部分成功扭转，对企业家、投资人和整个经济都非常重要。扭转研究重要性丝毫不亚于财务困境预测，甚至比预测财务困境更有价值。我国关于财务困境预测的文献很多，但对衰退进行扭转的文献很少，这与发达资本市场国家如美国、英国兴盛的扭转研究形成了鲜明对比。正如冉敏（2009）指出的那样，我国并没有同西方扭转理论那样相对完全一致的相关理论，但是我国学者也对处于生存威胁性绩效衰退的企业如何拯救自己的战略行动，进行了一些初步探索，主要集中于以下几个研究支流：陈佳贵（1988）进行了生命周期视角的蜕变战略研究；

① Weitzel和Jonssons（1989）将衰退阶段又分为5个子阶段，无视（blinded），不行动（inaction），错误行动（faulty），危机（crisis），解散（dissolution）。前面4个子阶段都可划入扭转阶段。

陆国庆（2002）进行了衰退企业产业视角的企业创新研究；王震（2005）进行了财务困境视角的企业重组战略研究。

Bruton，Ahlstron 和 Wan（2003）指出，在美国和英国被广泛认可的扭转衰退公司的行为包括：减少应收账款，削减资产改善营销，改变高管团队，甚至通过策略性破产来扭转困境。他们考察了东南亚的华人社会，发现这种标准化的扭转努力很难实施，将西方模型直接应用到华人企业很困难①。研究发现由于华人社会特定"关系"的存在，使得变革反而导致企业陷入了更进一步的绩效衰退，甚至导致了企业的毁灭。

中国已经是世界第二大经济体，有数量庞大的困境公司群体，迫切需要有效的扭转理论指导困境公司脱离困境。也就是说，就扭转战略理论本身的发展而言，需要来自于中国企业的实证研究与理论发现。而我国由于处于过渡经济时代，各种因素更加复杂与不可测，使得遭遇生存危机困境的企业也越来越多。中国企业平均寿命仅 3.5 年，美国企业平均寿命为 12.5 年。中国中小企业平均寿命仅 2.9 年，美国中小企业平均寿命为 8 年，日本中小企业平均寿命为 12 年。说明我国企业面临的生存环境更加艰难，对这些困境企业进行研究，从而提高企业寿命是现实需求。我国企业管理理论与企业实践都需要进行企业扭转战略选择的研究。

1.2.2 提升衰退公司扭转成功概率是保护投资者利益的迫切需要

2018 年中央经济工作会议提出，资本市场在金融运行中具有牵一发而动全身的作用，要通过深化改革，打造一个规范、透明、开放、有活力、有韧性的

---

① Bruton，Ahlstron 和 Wan（2003）对东亚华人企业的扭转研究表明，那些同时兼任董事长的企业通常并不会变革 CEO，除非企业的控股股东变化，CEO 失去了董事长的职位。除了利益关系外，兼任董事长的 CEO 实际上也意味着其更可能操纵企业盈利信息的披露，从而掩盖企业真实的业绩信息和衰退原因的解释，可能减少关键相关利益者对现任 CEO 的责难，因而现任 CEO 可能不会成为企业衰退的"替罪羊"。因此，他们认为，在 CEO 同时兼任董事长的企业中，CEO 变革的可能性较小。

在我国特定的经济运行情境中，企业的股权结构也可能影响 CEO 变革决策。因为在我国，许多上市公司都是国有企业转制而来，国有股通常是具有控股能力的大股东，而 CEO 则通常是国家任命的官员，即使企业遭遇严峻的衰退，由于体制的原因可能也不会更换现任 CEO；与之相反，对于那些非国家股控股的企业而言，通常是企业通过市场原则聘任 CEO 的，企业运营绩效实际上就成为评价其能力的一个重要指标，因而一旦企业陷入衰退，或没有满足股东的绩效目标要求，CEO 可能就会成为第一个被撤职的人，而无论导致衰退的原因是什么，是否属于 CEO 的责任等。因此，有理由认为，在我国特有的制度下，企业股权结构将影响衰退企业的 CEO 变革决策（冉敏，2009）。

资本市场，提高上市公司质量，完善交易制度，引导更多中长期资金进入，推动在上交所设立科创板并试点注册制尽快落地。

本次中央经济工作会议将资本市场地位空前提升，提出资本市场在金融运行中具有牵一发而动全身的作用，A 股的大涨大跌易导致连锁反应，存有系统性风险的隐患，只有将资本市场的稳定健康发展纳入到金融系统的大框架中，才能确保金融体系的平稳运行。

中国证券市场规模已经成为全球第二，中国股市正逐步发挥经济晴雨表的功能。随着中国经济规模已经跃升世界第二，中国资本市场必将迎来更大发展。在 1990—1997 年间，资本市值与银行资产比例在日本为 1∶1.7，美国、加拿大、澳大利亚为 1∶1，韩国为 1∶1.6。按照这个趋势计算，我国 2018 年 GDP 为 90.03 万亿元，A 股市值 43 万亿元。预计 GDP 到 2020 年大约为 95 万亿元，以 1∶1 的经济证券化率，沪深市场市值 2020 年将达 100 万亿元左右，A 股上市公司数量有望从目前的 3500 家增加到 4000 家。机构投资者快速发展，其中共同基金、信托基金、企业年金、保险基金和社保资金等机构投资者在证券市场上的份额将大大提升。届时债券市场规模将超过股票市场，可能会是股票市场规模的 2—4 倍，债券融资占国内金融机构部门融资的比重将从目前的 10.8% 提高到 35% 以上①。

庞大的资本市场上市公司群体因为各种原因导致困境或衰退，加强公司扭转的研究，识别并且尽可能地使公司脱离困境有利于资本市场的健康发展。适当的公司退出机制有利于资本市场效率提升，如果过多公司都处于破产境地，将对资本市场的参与者造成重大损失，公募基金、私募基金、企业年金、社保资金、保险资金、养老资金、银行资金投资股票损失过大，将进一步引发保险、银行自身公司的风险，这种传递效应可能会引发系统性金融风险。

1.2.3 提供关于衰退公司深度信息是资本市场参与方的共同需求

随着资本市场上市公司数量规模的扩大，有一些公司因为多方面原因出现财务困难，随之在资本市场中形成了一个特殊的非常庞大的群体，即财务困境

① 未来十年中国经济十大发展趋势。来源：http：//news.xinhuanet.com/fortune/2009 - 10 - 04/content_12125065_5.htm。

公司。围绕财务困境成因、识别、控制和衍生应用派生出了一个新的行业。在美国，该行业业务量达到1万亿美元以上，容纳数十万人就业（Altman，2006），其中包括企业扭转顾问、破产和重组律师、破产法官、会计师、银行家、财务咨询人员、兀鹫投资者（vulture investor）、研究人员和投资银行等。仅扭转管理学会（Tounaround Management Association）的会员就超过7000人①。在中国，随着上市公司群体的扩大，发生过困境的公司数量不断增加。我国目前A股上市公司超过3500家，发生过被特别处理事件的公司超过500家。如果加上新三板上万家上市公司，则上市公司数量更加庞大。每年新增衰退公司市值超千亿元，加上债权市场，则市值更大。在我国，因为有了相当规模的特别处理公司，也产生了围绕这一特殊群体的理论与实证研究群体。

围绕困境公司的困境行业外延也迅速扩展，对财务困境信息的需求也与日俱增。特别是在当前资本市场日益壮大的环境下，财务信息的使用者对财务信息的质量、内涵外延提出了不同于以往的许多要求。对财务困境企业，一个很重要的基础工作就是计算财务困境概率。随着数学工具的完善和计算技术的快速发展，计算财务困境概率已经有变成“屈指一算”（rule of thumb）简单工作之趋势，这将普及财务困境预测模型的应用。随着经济的发展，金融活动居于越来越重要的地位，投资和融资活动日益频繁。这些投融资活动都要关注一个基本情况，即上市公司的状态，特别是财务状态。投资者和银行都要根据企业未来的财务状态开展投资活动，中介服务机构也将为投资者提供有价值的预测信息作为自己业务活动的一个非常重要的内容。

会计信息相关性和可靠性构成会计信息的有用性。并且为了满足投资者需要，公司需要更早更快披露会计信息。更有研究认为，应该将上市公司盈利预测等前瞻性信息的可靠性也作为补充信息披露在财务报告中（Hirst et al.，2003），这样的披露可以使投资者识别哪些公司披露准确和哪些公司披露是机会主义的，进而使公司有动力去提高预测的准确性。实际上，无论是美国的证券监管部门，还是中国的证券监管部门，都已经涉及要求公司的信息披露中包含对未来进行尽可能准确预测的成分。我国已经鼓励企业发布盈利大幅变动预测，包括盈利变好和变差的预测。可以说，只要涉及公司的估值，就会涉及财务困境的可能性预测。估计的财务困境概率已经作为一个中间变量出现在很多金融

① http：//www. turnaround. org.

产品的定价模型中，实际上，近年在 Journal of Finance 等权威期刊上，已经出现了直接利用财务状态的结果进行其他深入研究（Griffin and Lemmon，2002）的文献。如利用 Altman（1968）公式计算出公司的 Z 分数，利用 Olhson（1980）公式计算出公司的 O - 分数，这些分数可以直接表示公司的风险等信息。

与发达资本市场国家相比，我国对上市公司群体，特别是财务困境公司群体的研究远远不够。Lars Schweizer 和 Andreas Nienhaus（2017）从管理、金融、经济、会计和社会学领域选择排名靠前的 25 种期刊出版物中，选择了 276 篇关于公司扭转的文献，其中 154 篇研究以美国为样本，36 篇分析欧洲，其中英国占多数，有 14 项针对单个国家的研究。亚洲共有 14 项研究，6 篇文献主要集中在日本。区域总体分布表明，英美对该课题的实证研究存在明显的偏向，来自我国市场的几乎没有。

1.2.4 为我国完善破产法提供量化证据

（1）欧洲国家破产法对债权人保护程度影响公司生存概率。欧洲国家有不同的破产法。在债权人不友好的法国，国家强制法院以保护公司持续经营和维持就业为目标。为达到这个目标，破产法院控制破产过程，不允许将资产卖给出价最高者。债权人角色就是顾问，公司重组计划也无需债权人同意。在英国，国家也让法院管理破产流程，但债权人有否决权，可以在债务合同中执行违约条款。对小公司的主要破产流程中，担保债权人可以出售违约公司的资产，以确保债权回收，法院也不会干涉。德国则提供了折中的债权人保护，法院监管的破产流程被强加给破产参与方。债权人对重组进程保持显著控制，重组计划必须征得债权人同意。Davydenko 和 Franks（2008）发现，银行可以根据破产法调整她们的借款和重组活动，贷款开始时的抵押要求反映了银行在公司违约时的控制能力。在法国，抵押资产被低价出售，银行发放贷款可以要求更高的抵押率，即每法郎债权要求更高价值抵押资产。不同种类抵押资产组合反映了预期违约。在德国和英国，不动产是抵押资产的最重要来源。但在法国，不动产就没有那么有价值。在法国，售卖收入优先支付员工工资和破产费，为保护就业，法院通常低于潜在市场价值出售资产。银行可以直接控制应收款和个人担保，这些不会被优先债权人稀释。所以在法国，这些抵押比不动产抵押使用更多。在这些国家中，公司违约时银行损失差异很大。英国银行回收率为

92%，德国为67%，法国为56%。一般可能认为，在债权人友好型的英国，违约公司要持续经营机会更低。恰好相反，在英国，通过重组得以持续经营的公司比例比法国的高。英国银行具有重组优先权促使英国银行愿意最大限度帮助扭转困难公司。在法国，因为破产法的严苛，则少有经济动力推动有效率重组。

（2）美国破产法倾向于鼓励负债企业重组和重整。破产法其实有优化社会资源配置的作用，一方面对浪费社会资源的企业进行退出，另一方面，则对暂时陷入困境但有潜力恢复的企业进行救助。美国企业如果暂时陷入深刻危机或破产看似不可避免，但如果能让法院相信公司有能力在市场中展开竞争，一旦有机会就可能生存，就可以向法院在《破产法》第十一章下申请一年的宽限期，法院任命一位法院认可的监管人，对公司每天的经营进行监督，并对公司如建立治理体系提供建议。如美国世界通讯公司（WorldCom），2002年爆发财务造假丑闻，公司股价从1999年高峰时的64.5美元下滑到2002年的1.79美元，公司形象、声誉、财富均一落千丈。但在《破产法》第十一章下，公司采取了一系列扭转行动，包括更换管理层、增加公司信息透明度、裁减雇员、剥离资产、开发新产品、对公司员工进行伦理文化教育等措施。逐渐将公司由一个造假公司打造成了一个具有责任感的伦理公司，建立了更好的内部控制系统和更好的治理体系，打造了精神振奋的员工队伍和伦理文化。美国《破产法》第十一章是在法院的保护之下在满足债权人债权要求之前，给予公司时间重组其业务及/或资本结构。与传统意义上的破产或清算（第七章）不同，进入第十一章破产保护程序的公司业务照常进行，且其目标是通过这一程序产生一个有持续发展力、财务更健康的企业。所以破产法并非一破了之，而是身负资源优化配置重任，法律体系构成了企业营商环境的重要组成部分。

美国国会制定破产法时，倾向于鼓励负债企业重组和重整，而非强制负债企业清算还债，主要是基于以下认识：（1）企业的清算价值通常低于企业继续存活时的价值，因此，从长远看，如果允许负债企业重组，则债权人可获得更多的清偿。如让负债企业继续经营其价值会更高的话，则没有必要对其进行破产清算；（2）对负债企业进行重组，可以避免雇员失去工作，而在破产清偿的情况下，雇员将无例外地失去工作；（3）许多企业都会遇到难关，且有时企业经营状况不佳并非企业经理层的过错。如允许此等企业重组，则其大有复兴的可能。

1978年的《破产改革法案（Bankruptcy Reform Act）》是美国破产立法的一个里程碑。该法案造就了美国当今的破产现状，扩大了消费者及公司债务人申请破产的权力与权利。在随后的数十年间，破产申请的数量增加，这让人觉得破产制度太过宽松和被滥用。

尽管在20世纪90年代之后，美国破产法不再像1978年《破产改革法案》那样迎来革命性的变化，但重大改革和发展依旧不少。2003年之前的改革包括：1994年通过的《破产法修正案》，涉及8部分、78个条文；1998年通过的《破产法修正案》，涉及7部分、110个条文；2000年通过的《破产法修正案》，涉及19部分、296个条文；2001年的《破产法修正案》，涉及16部分、225个条文；此外，还有2003年的《破产法修正案》，破产法由注重债务人权力转向注重债权人权力。而在2003年之后，美国破产法并未停滞不前，2005年《破产滥用预防及消费者保护法案》获得通过，并且将第15章纳入美国破产法体系，完成美国跨境破产制度构建的拼图。政治形势、公众观点以及经济形势的变化等，都会对未来的破产法产生重要的影响。

（3）我国初步建立的破产法未来完善空间极大。毫无疑问，影响企业经营的外部环境包括法律制度①。世界银行发布的《2019营商环境报告》显示，中国营商环境排全球第46位，较上一年度大幅提高了32名，被列为2018年营商环境改善最为显著的十大国家之一，也是亚太地区唯一的入选者，其中，获得电力和开办企业分项改善尤其明显。美国营商环境世界排名第8位，中国营商环境世界排名落后美国38位。2018年中国企业开办时间为8.6天，美国为5.6天②。

我国随着市场经济的发展，市场中每年都有相当数量的企业诞生，也有相当数量不能适应市场竞争的企业倒闭。为及时保护相关各方合法权益，《中华人民共和国企业破产法》经过12年的起草和审议，于2006年8月27日经过十届

① 2019年7月3日召开全国法院民商事审判工作会议。会上，“破产”成为一个热点词汇。尤其是最高人民法院院长周强在大会的开幕讲话中，有数十次讲到“破产”这个关键词，使得“破产”成为会议讨论的重点之一。关于民商事审判工作面临的新形势，周强院长重点讲到营商环境建设对民商事审判提出新任务。世行营商环境报告中“办理破产”排名，我国仅61位，有很大提升空间。周强院长谈到，这几年最高院每年都在破产方面有新举措，2019年出台的破产司法解释（三）有很好的国内国际反响。但最近中国代表团与世行专家就营商环境评估指标磋商时，世行专家组对我国司法解释的法律效力问题有质疑，这会影响到我国“办理破产”指标的排名，中国专家组的罗培新对此向世行专家组做了说理解释。周强院长强调，要把“法治是最好的营商环境”落到实处，法律要素在世行评估指标中比重高达62%，要紧抓对应司法指标不放松，强调要有效提升“办理破产”指标排名，而不是文件与口头应付。

② http：//news. hexun. com/2019－06－03/197402484. html。

全国人大常委会第二十三次会议表决获得了通过，并于2007年6月1日起施行。《破产法》总则第二条规定：企业法人不能清偿到期债务，并且资产不足以清偿全部债务或者明显缺乏清偿能力的，依照本法规定清理债务。破产法是中国经济体制改革进程中的一部标志性法律，其审慎出台表明了国家对于企业破产后相关群体利益保障的高度重视。不能清偿到期债务是公司发生财务困境的显性特征之一，这也意味着上市公司一旦陷入财务困境而不能逆转，就有可能最终依法被破产清算，从而造成包括国家、企业、投资者、职工等在内的广大利益相关者无法挽回的损失。该法借鉴西方成熟的破产制度，在破产管理人制度、破产程序的模式结构、使用范围、破产程序的使用条件、重整制度等方面都有较大的制度创新。这部新的企业破产法，不论是对破产实体问题的规定，还是对破产程序问题的规定，都更加明确、具体。新《破产法》的法律条文的数量由原来《企业破产法》的六章四十三条，增加到十二章一百三十六条。为处理破产案件提供了更加明确、清晰的法律依据。新《破产法》的实施，标志着对困境公司的法律界定更加科学，也使我国对困境公司的法律界定与国外成熟市场更加接近，为我国财务困境研究提供了更好的法律基础。

与市场经济运行相关的法律，大致有以下三方面：一是市场进入法，像公司法、商业银行法、合伙企业法就属此类；二是市场交易法，诸如合同法、票据法、证券法即属此类；三是市场退出法。相对而言，前两块的法律内容已经比较完善，各种制度框架也已经初具规模，以破产法为代表的市场退出法的出台完善了我国市场经济的法律体系。我国原来证券市场沿用的公司退出机制也将因破产法的诞生发生变化，继而对学术界和实务界的实证研究产生根本影响。同时，由于法律制度对困难企业生存影响极大，政治、经济和公众观点的变化要求破产法做出相应完善，借鉴发达国家市场破产法的经验，我国破产法也需要经常进行修改，来自于我国企业的理论研究与实证发现可以为破产法的修订完善提供依据。

1.2.5 满足资本市场涉及众多参与方数据需求

参照Altman（2006）的研究，公司困境信息的潜在用户有困境公司管理层、贷款人、应收账款经理、一般投资者、秃鹫投资人、证券分析师、监管者、审计师、破产律师、司法界、债券评级者、风险管理顾问、重组咨询和公司扭转管理者、政府部门和其他买方、兼并收购分析师和其他买方。

（1）困境公司管理层。困境公司管理层在困境公司有更大利益，这些利益包括股权、高薪和声誉。他们比外部人更关心企业的衰退情况和公司的可持续发展。公司原有管理层当然希望公司刚出现衰退苗头就采取行动，制止业绩继续恶化，否则他们利益将受损，甚至被解雇。公司扭转的一个重要策略是更换公司管理层。作为困境公司的新管理层，主要关注的就是如何迅速扭转公司。有些公司扭转过程中专门聘请扭转顾问帮助做出更科学合理的扭转决策。

（2）贷款人。向贷款人提供有价值的困境原因和困境恢复的可能性信息，可以帮助贷款人确定是否要增加贷款或对原有贷款展期以及快速收回。在面对衰退企业的贷款申请时，由于衰退企业风险高，所以贷款定价肯定也高（一般根据风险级别进行贷款定价），贷款人就需要确定到底企业恢复的概率有多高，以便决定是否发放高风险、高收益贷款。也许财务困境预测模型/信用评级模型最主要的应用就是贷款部门，银行和其他信用机构都要设计公司信用风险评价机制。找出特定违约概率（probability of default）的信用评级模型的重要性已经被提到很高的程度，根据巴塞尔Ⅱ（Basel Ⅱ）的要求，银行必须开发和利用内部评级模型 internal rating based（IRB）。在世界的许多地方，如欧洲，银行被鼓励在巴塞尔Ⅱ（Basel Ⅱ）下改进他们的信用风险系统，并且取得了很大成功。

贷款部门一个很重要的工作就是信用定价（如适当的利率），利用信用评级模型可以找出违约概率，进而可以确定定价算法中的给定违约损失（Loss Given Default，LGD）。

（3）投资者。“秃鹫”投资者通过买进陷入财务困难或经营有待改善的公司的债务，直接或间接对公司施加影响，在改善公司的质量后卖出，从而获取高额回报。除商业贷款的金融机构投资者外，各种金融机构和个人在以他们的固定收益和权益工具投资时，都可以从合适的信用评级系统中获益。也许最明显的应用就是确定靠近面值的债务工具是否值得投资。对投资级债券、贷款、非金融级债券、垃圾债券，确定违约概率是很重要的。根据专业评级机构的计算，违约问题的四分之一来自投资级债券。因此，专业经理在周密的投资中，应该包括违约风险分析、收益和投资集中度分析。

（4）证券分析师。证券分析师通过为客户提供未来可能盈利的预测，吸引客户进行证券买卖。如果预测公司可能由好变差，客户可以通过卖空盈利。如果预测公司可能由差变好，客户可以通过买空盈利。金融中的一个基本定律就是债券分析师应该比普通权益分析师更多关注证券可能的下降趋势，对债券分析师一个明显的工具就是违约预测模型。传统比率分析和许多困境预测模型对证券分析师分析证券运行有客观的帮助。

（5）监管者。监管者，特别是银行检查部门人员，应该知道银行和其他机构用于评价信用风险的方法。新巴塞尔Ⅱ新框架下的新挑战之一就是监管者的角色和技能，特别是评价银行的一级资本要求和二级资本勘漏功能。银行检查人员需要训练来评价各种信用评级和银行的违约概率（PD，probability of default）、违约损失（LGD，loss given default）计算。在这个过程中，从大量银行获得的各种可能违约结论也可作为有用的信息在监管中加以利用。监管者当然要自己清楚违约概率的计算，要做到心中有数，有鉴别信息的能力。

另外，对于一个国家的中央银行，利用信用评级评价系统评估银行的信用质量和监督单个银行客户所作的评价也是相当普遍的。

（6）审计师。注册会计师可利用信用评级模型辅助审计功能，评价客户公司的持续经营状况。审计责任存在期望差距，给出一个持续经营意见（审计保留意见）也许就会失去一个客户。审计师需要使用信用评级模型和其他失败评价技术。这些方法在他们进行职业判断时可以降低审计风险，以及与客户讨论财务状况以执行审计计划时，可以添加一些客观反馈信息。

（7）破产律师。在破产和困境公司竞技场，显著的角色之一就是破产律师。一个好的破产律师最好可以对公司破产概率有深度了解，公司破产的决定是一个重要时刻。虽然很多破产是不自愿的，只有在最后才考虑。是否登记和登记时间是重要的决定。在许多情况下，一个公司拖延的时间越长，就越不可能重组成功。在破产过程中，如果在庭外取得和解的话，财务困境成本很可能就会大幅降低。破产律师是公司管理层关于是否登记和何时登记的重要顾问。破产法庭会推荐给公司一些顾问，以及执行破产的行动路径，或庭外重组决定。这样的顾问，可能是扭转和重组专家，或者是融资的银行家。

（8）司法应用。在司法领域，失败预测模型也有大量的应用。这些领域包括：公司失败法案，摆脱养老金义务，雇主、经理、董事和其他公司内部人员责任（如专业顾问）。

1.3 全书结构安排

本书余下部分安排如下，见图1－2。

第2章简要回顾企业扭转战略基本理论，基础理论包括：利润最大化理论、生存基础理论、权变理论、资源基础理论、财务困境理论、委托代理理论。同时也重点介绍了企业扭转框架，包括扭转内容、扭转过程、扭转环境和扭转结果。

第3章基于扭转问题量化研究的趋势，介绍了扭转量化模型相关问题。包括扭转模型使用的变量和常用的扭转计量模型。

第4章用现金流信息对扭转效果识别进行了检验。

第5章给出了一个中国公司的扭转案例。

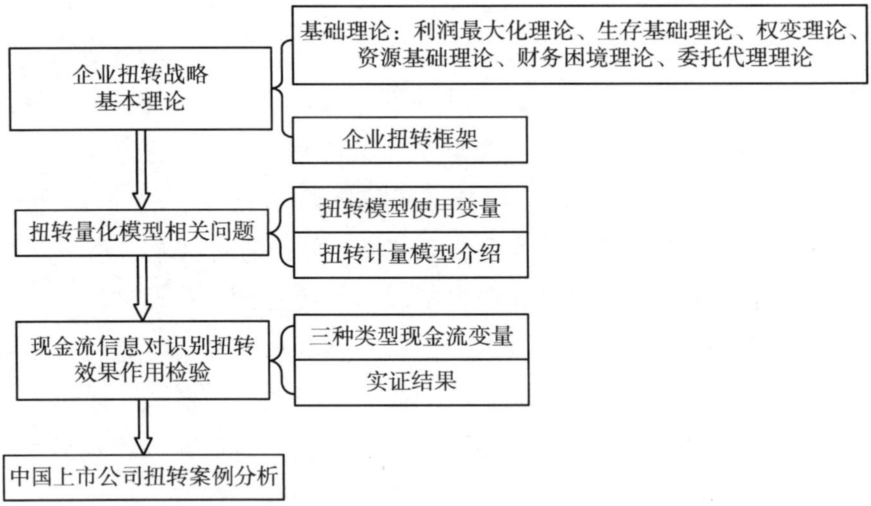

图1－2　本书的结构

第2章 企业扭转战略理论

理论框架建立在基于组织改变理论基础上，该理论分为内容研究、过程研究和情境研究。理论框架由三部分构成，基于内容的改变什么，基于情境的为什么改变，基于组织改变过程的怎样改变。

——Pettigrew（1987）

战略管理理论认为，企业之间命运的差异是由其所选择的战略不同所决定的。企业可以通过改善与合理化战略形成过程和战略决策内容来改善企业绩效。所谓扭转战略，Barker 和 Duhaime（1997）是这样定义的：衰退企业为了生存，所开展的一系列阻止衰退、复苏绩效、拯救命运的行动。大量研究表明，在拯救自己的过程中，企业如何选择扭转战略，将直接决定着企业的扭转成功与否。但是，衰退情境的特殊性造成了扭转战略选择的复杂性①。衰退导致了企业资源稀缺性增加、内部成员士气低落、外部相关利益者不信任、时间紧迫等。

国外对扭转理论的研究已经历了整整 43 年，以 Schendel，Patton 和 Riggs（1976）② 的研究为标志。Pearce 和 Robbins（1993）认为，公司扭转理论应该包

---

① 冉敏（2009）引用项保华（2006）观点指出，战略是精心设计与机缘巧合的符合。衰退困境中时间的紧急性加剧了情境的复杂性与不确定性，这就使得扭转战略不可能事先精心计划，但企业系统的复杂性与整体性使其不能完全依赖于一个个的“救火式”应急行动去拯救命运，故扭转战略也不是“机缘巧合”的产物。实际上，扭转战略是在基于对企业现有战略的评判、调整与变革过程中形成的，并且随着扭转行动的进行，企业反应与情境因素相互交织，使得扭转过程只具有事态过程描述性，而不具有严格的因果关联性。所以，扭转战略本质上是“匠构的战略”。而扭转战略形成的“匠构”本质，决定了企业应该依据不同的扭转情境来确定相应的战略行动。而每种扭转情境都是由前面行动的结果，与当前的情境因素相互交织而成的。比如，企业当前绩效是前面行动的函数，而同时当前的权变因素也由于受到了前面行动的影响而产生了变化，因此权变因素与企业绩效都是处于不确定与动态变化之中的，这就使得每一阶段的权变因素所起的作用是不同的。

② Schendel，D.，Patton，G. R. and Riggs，J. Corporate turnaround strategies：A study of profit decline and recovery. Journal of General Management，1976，3：3－12.

括四方面内容：第一，应该考虑财务下滑的原因，影响公司财务恢复的战略应该包括操作型和战略型；第二，应该将财务状况的严重程度与削减成本和资产结合，更严重的问题需要更激进的解决办法，资产削减比成本削减更激进；第三，应该包括紧缩后期恢复战略的多个方案，覆盖从效率定位到创业定位；第四，扭转过程是多阶段的，包括紧缩和恢复活动。

2.1 财务困境与扭转的定义与阶段划分

2.1.1 财务困境与扭转的定义

（1）财务困境定义。

①国外学者定义。财务困境的概念首先是由 Zemjewski（1984）发表于 Journal of Accounting Research 中的“关于财务困境预测模型估计的方法问题”一文中提出的。他将 Beaver（1966）、Altman（1968）和 Blum（1974）的研究统一视为财务困境研究。Beaver（1966）在 1966 年首先利用单变量判别分析进行财务失败预测时，用的 79 家失败公司样本中有 59 家破产公司，16 家拖欠优先股股利公司和 3 家拖欠债务公司。Altman（1968）在 1968 年用多变量判别分析进行破产预测时，使用的破产公司样本是根据《美国破产法》第十章进行破产登记的企业。Ross（1999）提出，可以从四个方面来定义财务困境，一是企业失败，企业清算后仍无法支付债权人的债务；二是法定破产，企业和债权人向法院申请企业破产；三是技术破产，企业无法按期履行债务合约还本付息；四是会计破产，企业的账面净资产为负，资不抵债。Lau（1987）根据严重程度排序，将财务状态分为：状态 0——财务稳定；状态 1——减少或取消红利支付；状态 2——技术违约和贷款违约；状态 3——破产法十章和破产法十一章下申请破产保护；状态 4——破产或公司资产清算。

可以看出，国外有影响的此方面研究界定财务困境的标准集中在流动性差、无力支付债务、破产申请和破产清算几条中，尤其是破产申请和破产清算。

②国内学者定义。在没有完善的破产法以前，要界定破产有一定困难。因此，目前我国学者进行财务困境预测研究时界定财务困境时，几乎所有的研究都以公司是否被特别处理（Special Treatment，简称 ST）作为公司是否属于财务困境公司的标志，代表性研究如李秉祥（2004）、吴世农和卢贤义（2001）等。李秉成（2004）从财务困境原因、征兆和特征的角度对财务困境定义进行了分析。吕长江、徐丽莉和周琳（2004）进行财务困境和财务破产分析时，将财务困境定义为流动资产小于流动负债，即流动比率小于 1，同时要求流动资产小于流动负债应该是一个持续的状态，这种状态在 1—3 年甚至更长时间内不能逆转。且将破产分别从法律角度和财务角度加以区分，将财务破产定义为资不抵债的状态，法律破产则根据《企业破产法》的规定，即企业因经营管理不善造成严重亏损，不能到期偿还债务，依照破产法规定宣告破产。

对于我国研究中广泛存在的将特别处理公司（ST 公司）视为财务困境公司的做法，不少学者提出质疑。姜国华和王汉生（2005）对连续两年亏损就要被特别处理的政策表示质疑，因为连续两年亏损的公司中包含了相当数量盈亏稳定性差，但长期表现良好的公司，而监管机构应该特别处理的是赢利能力差，不能为投资者带来长期回报的公司。他们建议应该用更能够监督企业财务失败风险的政策来代替特别处理政策。根据吕长江和赵宇恒（2006）的观点，破产可分为存量破产和流量破产，存量破产指企业资不抵债的情况，是真正意义的破产；流量破产是流动资产小于流动负债，是临时的破产。他们选择的 75 个 ST 类样本中，符合存量破产的只有 4%，符合流量破产的有 67%，既未达到存量破产，也未达到流量破产的有 29%。因此，ST 公司并非无药可治，而只是暂时陷入困境，存在起死复生可能。

我国 2006 年 8 月颁布的市场经济的基本大法——《中华人民共和国企业破产法》规定，企业法人不能清偿到期债务，并且资产不足以清偿全部债务或者明显缺乏清偿能力的，债权人可以向人民法院提出对债务人进行重整或者破产清算的申请。显然这些规定与我国大部分财务困境研究采用以 ST 公司作为财务困境公司的做法有较大差异。特别处理制度主要基于利润指标而非综合财务指标，许多上市公司为规避监管层的特别处理措施，对利润指标进行了许多过分的盈余管理。参照国外对财务困境公司的界定，依据破产法，从债务清偿的角度界定财务困境可能是未来的趋势，毕竟特别处理只是我国证券市场发展过程中为提醒风险，对困境公司采取的特殊的处理方式。

③财务困境的原因。国内外学者从不同的研究目的出发，在不同的研究背景下，对财务困境赋予不同的内涵。财务困境的内涵如此丰富，是因为财务困境是一个渐进的过程，难以确定明确的标志作为起点。实质上，包括亏损、支付不能、破产都只是财务困境发生以后阶段性的后果或者表现，真正的困境在此之前就已经存在了。

把握财务困境的本质，要从引起财务困境的根源分析。导致财务困境的原因非常复杂，既包括宏观经济环境、法律环境、行业发展阶段等外部因素，也包括企业发展战略、治理结构、管理效率、内部控制等内部因素。财务困境形成的具体原因纷繁复杂，大致可以概括为以下几种情况：

第一，宏观经济出现剧烈波动，如发生经济危机，导致从融资到企业产品全面收缩，企业运转的资金流、物流中断；

第二，行业陷入困境：（a）破坏性技术出现，改变了行业价值链和成功要素；（b）行业经济困境导致企业经营困难，表现为产品销路不畅，存货大量积压，生产难以为继；（c）人口变化、产品技术变化、新替代品出现导致行业衰退；

第三，治理机制失效，权力失衡，“董事不懂事，监事不监视”，不能及时发现管理缺陷，导致管理层权力过于集中，独断专行，滥用职权；

第四，战略目标失当，重大决策失误；

第五，资源配置不当，长短期资产比例失衡，不能偿还到期债务；

第六，内部控制不力，发生员工重大舞弊或串通舞弊，挪用侵占公司资产；

第七，公司遭遇重大负面媒体报道、重大违法、重大诉讼等。

当企业出现上述一种或几种情形而管理层不能正确驾驭时会影响企业的经营能力，最终反映到财务状况上导致财务困境。

John Argenti（1976）通过案例研究及理论分析，较为系统地归纳了导致企业陷入财务困境的原因，包括：（a）企业管理缺陷；（b）会计信息缺陷；（c）企业应对经营环境变化的能力缺陷；（d）制约公司对环境变化作出反应的因素；（e）过度经营；（f）开发大项目；（g）高杠杆经营；（h）正常经营风险。

佘廉（1999）认为我国企业陷入财务困境的本质是企业管理水平落后，分为内因与外因两个方面。其中内因包括：（a）经营理念与经营管理方式不能适应现代化大生产的要求；（b）管理基础工作薄弱；（c）劳动管理效率低；（d）生产管理落后；（e）企业内部控制制度不健全；（f）领导行为不力。外因包括：（a）历史原因：基础差，起点低；（b）经济体制的制约[①]。

李秉成（2004）认为形成财务困境的一般原因有：主要业务无竞争力，市场开拓力度不够，资本结构不合理以及质量差，市场竞争激烈，经济、社会、政治环境的变化，人工成本高，经营管理费用高，原材料等生产要素涨价，高负债（杠杆）经营，经营规模扩张速度过快，重大投资项目失败，偶然性事件。

在发展中经济体，大股东侵占上市公司资源也已成为导致公司困境的重要原因。La Porta 等（1999）发现，除投资者保护比较完善的几个国家以外，大多数国家的股权结构比较集中，公司的控制权往往掌握在大股东手里。拥有控制权的大股东有动机及能力以牺牲中小股东利益为代价创造私有利益（Shleifer and Vishny，1997）。我国大股东股权占比平均为 40%，大股东占用上市公司资源已经产生了严重的问题，导致上市公司业绩恶化，影响了证券市场稳定。2018 年以来，一些被市场视为白马股的股票如康得新、康美药业都因为大股东占款，导致公司经营恶化，股价呈现崩盘走势。

2005 年 11 月，国务院批转了《关于提高上市公司质量的意见》的 26 条意见。这 26 条意见里，管理层将清理上市公司大股东占款问题列为提高上市公司质量的重要途径之一。当时展开了轰轰烈烈的清欠运动。但对大股东占款并没有作为常规性监管持续进行下去，导致我国大股东占用上市公司资源愈演愈烈。目前上市公司大股东占款不仅金额巨大，而且明目张胆，甚至公开耍无赖，硬拖着不还，并最终将上市公司拖向困境之中[②]（皮海洲，2019）。

决定企业经营状况的最关键因素是外部环境（如激烈的竞争、经济萧条）、治理机制与管理能力，这三大因素共同作用决定企业的市场表现。其中任何一个环节出现问题都可能导致企业经营困难，表现出各种财务困境征兆直至破产。其中，外部环境是外因，只能影响而不能决定企业的经营状况，如果管理层能及时识别各种风险并采取适当的应对措施，就能避免财务困境，“只有夕阳产业[③]，没有夕阳企业”就是很好的答案；治理层对管理层有“生杀予夺”之权，治理机制健全，能及时发现并纠正管理缺陷，或淘汰不称职的管理人员，从而

① 佘廉．企业与经管理论［M］．石家庄：河北科学技术出版社，1999.

② 皮海洲．监管上市公司大股东占款务必专项化常规化［OL/N］．证券时报网，2019－1－24.

③ 夕阳产业：又称衰退行业，指整个行业的增长长期落后于经济增长或长期处于负增长状态的行业，是行业增长周期的尾声。导致一个行业进入衰退期的主要原因是需求已得到充分满足甚至需求出现下降、或是出现替代产品，以及原材料或其他关键生产要素出现长期供给问题导致产出受限。例如 20 世纪 80 年代的黑白电视机行业受到彩色电视机的替代就成为衰退行业，而目前由于平板电视开始普及，CRT 彩电及相关产业如玻壳和电子枪等也将成为衰退行业。

避免财务困境。拥有完善的治理结构，可使财务困境发生的概率大大减少，因而使公司陷入财务困境的根源在于管理缺陷。1980 年 Dun 和 Bradstreet 对企业倒闭原因调查认为，“缺乏管理经验，靠不可靠的经验，彻底的管理无能是倒闭企业中 94% 企业倒闭的原因”①，该论断可以为上述分析提供佐证。外部环境、治理机制、管理能力及其对企业经营状况、财务状况的影响如表 2－1 所示。

表 2－1　外部环境、治理机制、管理能力对企业经营状况与财务状况的影响

外部环境	治理机制	管理能力	经营状况	财务状况
良好	良好	强	良好	良好
恶劣	良好	强（差则淘汰）	良好	良好
良好	缺陷	强	较好	较好
恶劣	缺陷	差	困难	困难

因此，尽管导致企业发生财务困境的原因很复杂，但究其根源则在于管理能力不足，最终表现为不能清偿到期债务直至破产，其间因具体原因不同因而表现形式各异。管理能力不足是指企业管理层不能应对复杂的竞争环境，抗风险能力低下或者风险意识不足，决策失误，管理效率低下，从而发生价值贬损、不能支付到期债务、亏损直至破产。当引起财务困境的各种内因外因消失以后，财务困境也可能在上述破产之前的任何一个环节终止，即脱困。

（2）扭转的定义。

①国外学者观点。扭转的基本含义是纠正或改变事物的发展方向，脱离目前不利状况。

迄今为止，不同学者对扭转有不同的定义，有的是定性的，有的是定量的，有的是二者结合。比较有代表性的有下列几种：

Bibeault（1982）公司业绩实质和持续正向改变，在很多情况下，这种改变是在盈利能力下降几年之后。

Whitney（1987）以一种非常有趣的方式定义扭转：通过抛弃旧习惯，接受有纪律的康复计划，复原的病人可以获得比生病前更大的活力。在救护车到来前，通过服用扭转药，滑入困境的公司可能避免管理层更换和重组的创伤。

Schendel，Patton 和 Riggs（1976）定义扭转为公司改变向下阶段，回到上升

① ［美］道格拉斯·R. 爱默瑞，约翰·D. 芬尼特. 公司财务管理［M］. 北京：中国人民大学出版社，1999.

阶段。

Pearce 和 Robbins（1993）将其定义为“在过去取得过成功的企业，在发展过程中，由于内外部情境的变动经历了一段时间的效益减退之后，又重新回到正常发展或者平稳增长的轨道上来的过程”。

Pandit（2000）认为，扭转是一个连续体，其范围包括了企业绩效从仅仅只能够生存，到重新获得竞争优势的状态。

Schmitt 和 Raisch（2013）[①] 认为，扭转是一个动态过程，该过程由活动序列构成，这些活动使公司从衰退状态回到可持续的成功。

综合不同学者的扭转定义，他们具有下列相似或共同特点：（a）扭转主要针对处于下降阶段的困境公司，表现为低劣业绩，很可能亏损；（b）扭转需要反作用困境公司问题，采取措施、步骤和正确的行动，逆转下滑命运，进入上升经营阶段。（c）如果不采取行动扭转或扭转方法不恰当，公司很可能面临财务灾难和失败。（d）扭转是一个业绩改善的概念，指企业减少业绩下降程度并达到绩效增长的过程。

扭转是指事物从“坏”的状况转向“好”的方向，企业的扭转就是指陷入衰退的企业摆脱不利的经营情境和生存危机，进入平稳发展或正常增长的过程。因此，可以将企业进行扭转的经营过程通过公司绩效水平由坏变好的过程来进行对应和度量。

②国内学者观点。我国学者对扭转问题的研究比较少，冉敏（2009）认为，我国企业的盈余管理动机更为强烈，在亏损之后的短暂复苏现象也更多。为了确保企业业绩的改善并不是短暂的复苏，而是摆脱了生存危机，走上了持续复苏的道路，她界定企业扭转成功必须至少有持续 3 年的绩效上升时期。企业在经营过程中受到各种内外环境条件的影响，业绩可能出现正常的波动，但是其平均值必须超过衰退阶段的业绩平均值，因为只有这样才能确保企业的业绩是整体上升的。

由于我国对财务困境公司的界定一般采用了资本市场的特别处理标准，对于日益增加的财务困境公司群体，因为连续两年被 ST 戴帽后面临暂停交易甚至退市，所以摘帽是公司和政府都非常关注的问题。为了使公司摆脱以被 ST 为标志的衰退，很多公司都采用了重组战略，可以认为是我国扭转战略的雏形。

---

① Schmitt, A., and Raisch, S.. Corporate turnarounds: The duality of retrenchment and recovery. Journal of Management Studies, 2013, 50: 1216 – 1244.

依据《中国证券市场报》的划分标准，ST 企业的重组战略主要有资产剥离、股权转让、收购兼并、资产置换和债务重组五种。

王震（2005）统计了 1998—2000 年企业的重组情况。他发现企业的重组活动频繁，平均每家公司重组 1.26 次，并且这些公司的重组方式以股权转让和资产剥离两种战略为主，各占近 1/3，债务重组活动最少，只占 8.7%。他发现企业的当前绩效状况、资本结构、股权结构和治理结构都影响公司的重组方式选择。戴娜（2001）在研究中发现，财务困境企业通常采用资产重组战略，她认为这是因为困境企业需要通过资产重组战略来获得账面利润，以便快速摘掉 ST 帽子。

2.1.2 公司扭转的阶段

公司扭转是一个过程，需要时间将公司由“坏”变“好”，不可能在非常短时间内完成。大公司扭转可能需要近 10 年，小公司扭转可能只需半年（Bibeault，1982）。

正像危机发生要经历多个阶段一样[①]，公司要恢复也要经历多个阶段（Slatter，1984）。Slatter（1984）提出了扭转的 4 个战略阶段：

（1）分析阶段：这个阶段包括问题识别，为短期生存确定复合扭转战略，制定详细的行动计划，实际时间需要根据危机的严重性、公司规模和经营的复杂程度决定。

（2）复苏阶段：由一系列为生存而采取的行动组成。通过对公司进行手术，如转让或关闭子公司、关闭工厂、减少冗员、解雇不胜任管理层、减少多余存货、削减不盈利生产线等。这些行动都以改善现金流和停止亏损为目标。同时要为恢复战略的执行寻求融资支持。这个阶段一般需持续 6 个月到 12 个月。

（3）战略改变阶段：复苏阶段着重操作性因素，战略改变阶段则着重产品和市场再定位。通过在复苏阶段的恢复战略被执行，公司确保了短期生存，从而开始为公司长远考虑。在这个阶段，公司和股东开展一些具有可行性的长期行动，如公司投资的金额和时间是否有利于可持续恢复，为公司寻找并购机会等。如果

① Lau（1987）克服了公司失败预测模型方法的局限性，他采用五状态财务困境连续过程来大致估计财务困境的不同阶段，而非简单将财务困境状态分为破产和非破产。以严重程度排序，这些不同状态是：状态 0：财务稳定；状态 1：减少或取消红利支付；状态 2：技术违约和贷款违约；状态 3：在《破产法》第十章和第十一章下申请破产保护；状态 4：破产或公司资产清算。

产品和市场再定位可行，战略改变阶段有以下特征：（a）由早期聚焦现金到聚焦公司盈利；（b）资本回报率（ROE）很可能不如意，即使已不再亏损；（c）经营效率持续提升；（d）组织构建，因为在复苏阶段可能进行“创伤性手术”。

（4）增长阶段：随着公司逆转行动的执行和扭转过程的演进，资产负债表已经改善，公司需要进行研发新产品，或进入新市场，或并购，或兼而有之。

Slatter（1984）特别强调，这 4 个阶段可能重叠，并非完全是序列推进的。并非所有公司的扭转都会序列经历这 4 个阶段，每个阶段的时间长短也因行业周期而变。

Arogyaswamy，Barker 和 Yasai – Ardekani（1991）详细讨论了扭转战略选择的两阶段模型。在下降衰退阶段，企业应采取逆转绩效衰退的衰退阻止战略，在上升阶段，企业则应采取将企业移动到行业中更好竞争地位的复苏战略。Robbins 和 Pearce（1992）则进一步将扭转战略选择阶段明确定义为紧缩阶段和复苏阶段，认为紧缩是所有成功扭转企业必不可少的阶段。Pearce（2007）则进一步将扭转过程定义为衰退阶段（decline phase）、再定位阶段（redirection phase）和重建阶段（reestablishment phase）。Chowdhury（2002）提出四阶段理论，即衰退（decline）、反应启动（response initiation）、转换（transition）和结果（outcome）。Balgobin 和 Pandit（2001）在综合了所有扭转过程研究方法的基础上、提出了五阶段的扭转战略选择模型，即衰退[①]和危机阶段、变革启动阶段、变革扭转战略形成阶段、紧缩和稳定阶段、回到增长阶段（见表 2 – 2）。

表 2 – 2　　　　扭转过程阶段划分

研究者	阶段名称
Slatter（1984）	分析—复苏—战略改变—增长
Hambrick（1985）	危机—稳定—复苏
Robbins 和 Pearce（1992）	衰退—恢复
Chowdhury（2002）	衰退—反应启动—转换—结果
Balgobin 和 Pandit（2001）	衰退和危机—变革启动—扭转战略形成—紧缩和稳定—增长
Robbins 和 Pearce（2007）	衰退—再定位—重建

① Weitzel 和 Jonssons（1989）将衰退阶段又分为 5 个子阶段，无视（blinded），不行动（inaction），过错行动（faulty），危机（crisis），解散（dissolution）。前面 4 个子阶段都可划入扭转阶段。摘自 Kalle Pajunen（P. 425），comparative causal analysis in processsual strategy research：a study of causal mechanisms in organizational decline and turnarounds，Advances in Strategic Management，2005，22：415 – 456。

其中以两阶段扭转模型的划分最具代表性，Robbins 和 Pearce（1992）两阶段扭转模型也是扭转战略理论初步建立的标志。阶段划分的依据就是公司业绩的变化，如果业绩持续下降一段时间（如 3 年），则该阶段被确认为衰退阶段。如公司业绩由坏变好，持续上升一段时间（如 3 年），则该阶段被确认为恢复阶段。Wilson（1980）则将衰退类型分为 K 型衰退和 R 型衰退①。主要是指行业衰退和公司衰退，属于公司面临的外部环境和内部环境（Chowdhury，2002）。

Hoffman（1989）分析了公司扭转战略的 17 个研究后，发现有两个关键特征可以用于识别困境公司，即扭转周期和盈利能力。他说，"六个研究认为下降阶段为 2 年到 12.5 年，平均为 2.8 年。随后的上升阶段时间长度为 1 年到 7.7 年，平均为 3.1 年"。盈利能力是定义扭转的标尺，通常的盈利能力指标是净利润，其他的有投资回报率（ROI）和资产收益率（ROA）。

公司业绩的度量有的采用了以会计为基础的度量（如 ROA，ROE，ROI），有的采用了以资本市场为基础的度量（股价持续一段时间上升和下降的比率），或二者的结合。因为股票价格是公司经营的晴雨表，公司财务状况的变化会反映在股价的变动中，其他一些非财务的定性和定量的对公司业绩有影响的变化因素也会反映在股价中。因为公司业绩的变化实际上是公司风险的变化，所以还有的采用了衡量公司风险程度的指标，如 Altman（1968）Z 分数或 Olhson（1980）的 O 分数度量扭转阶段。表 2-3 列出了两阶段度量所用指标。

表 2-3　　　　扭转阶段的度量

研究者	衰退阶段	复苏阶段
Robbins 和 Pearce（1992）	无	至少 2 年 ROI 超过行业平均水平
Barker 和 Duhaime（1997）	连续 3 年的 ROI 低于无风险回报率，并且 3 年中至少有一年 Altman Z 值 <3	连续 3 年的 ROI 高于无风险回报率
Sudarsanam 和 Lai（2001）	连续 2 年 Altman Z 值为负	连续 2 年 Altman Z 值为正

① K 型衰退：资源依赖型学说（Pfeffer and Salancik，1978）认为，外部和宏观因素是衰退的原因，衰退属环境的财产（Wilson，1980），由一群公司或一个行业组成的宏观生态在缩减，衰退就会发生。宏观生态的吸纳能力耗尽，则生态中所有公司都面临枯竭的资源池和公司之间紧张对抗。

R 型衰退：衰退也是组织的财产，也可称为组织衰退（Wilson，1980），指的是独立于环境的组织在可用资源方面的减少。当组织处于稳定或增长的宏观生态中，当充满了自己导致的问题，衰退就会发生。

两种类型的衰退都会导致财务业绩和资源水平的恶化，衰退的体量和规模可能会由外部和内部因素诱导变化，当衰退接近低谷时，识别 R 型衰退还是 K 型衰退很重要。K 型涉及行业，R 型涉及公司，两种类型事件发生的轨迹和范围是衰退时间长短和衰退速度的重要决定因素。

续表

研究者	衰退阶段	复苏阶段
Smith 和 Graves（2005）	连续 2 年 Altman Z 值为负	连续 2 年 Altman Z 值为正
Clapham，Schwenk 和 Kaldwell（2005）	Altman Z = 2.6，衰退前 M/B > 1（股票市场价值与账面价值之比），衰退期间连续 5 年 M/B < 1	连续 5 年 M/B > 1
Wan 和 Yiu（2009）	行业性下降	ROE，ROA
Greve（2011）	相对 ROA（公司 ROA – 行业公司 ROA 中值）	无

注：ROI，投资回报率；ROE，权益回报率；ROA，资产回报率。

2.1.3 公司扭转战略分类

第一种：操作性/战略性两分法。

在扭转理论中，对扭转战略通常采取了操作性和战略性的二分法分类，如 Bibeault（1982）、Schendel，Patton 和 Riggs（1976）等。绝大多数学者采用了这种分类法。在这种二分法分类中，战略性扭转行动是重大的、长期的创新性行动，如多样化、垂直整合、新的市场份额拓展和剥离。操作性扭转行动则是倾向于立即产生利润、成本削减或资产减少的短期战术性行动。这种通行的观点来自于对大型企业的观察，认为战略性和操作性问题最好是各自采用相应的战略性和操作性行动。

但是，后来的学者们对这种二分法提出了质疑，如 Hambrick 和 Schecter（1983）发现在成熟行业的企业衰退中，由于市场份额相对固定，战略性扭转行动通常不太可行。Chowdhury 和 James（1996）也指出小型单业务企业通常也不太可能采取战略性扭转行动。冉敏（2009）认为将扭转战略分类成操作性和战略性是不恰当的，其根本原因在于企业的成功既需要操作性的也需要战略性的行动，并且这些行动可能是重叠的。

Pearce 和 Robbins（1994）采用了“创业性扭转战略”和“效率性扭转战略”的分类来替换战略性扭转和操作性扭转的分类方法。创业性扭转战略指的是那些“包括了重新形成企业产品、服务、市场或主要技术的方式，其显示出新的或根本性改变了的竞争状态”，而效率性扭转战略则是那些“继续保持当前竞争定位，但是集中于较小的和更为有效的规模”。

第二种：紧缩/创新/增长三分法。

对于效率性和创业性二分法的有效性，Lohrker（1996）指出，这种战略分类标准同样是不恰当的。他认为根据效率性和创业性的二分法，可以将扭转战略具体划分为紧缩战略、创新战略和增长战略。大多数实证研究聚焦于紧缩战略，如 Hambrick 和 Schecter（1983）、Robbins 和 Pearce（1992）等学者的研究。而理论研究则高度突出了所有 3 种战略的基本原理，如 Bibeault（1982）、Hofer（1980）等学者的研究。紧缩战略包括了成本削减、资产清算等效率导向行动。创新战略包括了为当前的产品增加市场努力和扩展市场。增长战略包括了通过多样化形式进入新的业务细分市场。也有一些研究考察了企业是否同时执行不同的战略如在一些细分市场中增加努力，而在另外一些细分市场中减少努力，或者企业的扭转战略是否需要遵循一定的次序，比如效率性战略优先于创业性战略。

Slatter（1984）分析了英国的 40 家上市公司，其中 30 家成功扭转，10 家公司扭转失败，发现在公司扭转中利用了下列战略：资产削减、管理层更换、财务控制、成本削减、债务重构、改善营销、组织改变、产品与市场改变、并购型增长、投资。

Schendel，Patton 和 Riggs（1976）考察了 54 家公司，发现利用了以下战略：组织和管理层改变、营销战略、工厂支出、效率提升、多样化经营、剥离（资产或负债）、垂直整合。

Bibeault（1982）认为扭转战略要与公司扭转阶段对应，从一个阶段到另一个阶段各自不同。他对每个战略提出了计划，包括每个战略的目标、战略和回顾与控制（见表 2－4）。

表 2－4　　扭转阶段的公司计划

计划	复苏阶段	稳定阶段	回到成长阶段
目标	生存 回到正现金流	提升盈利能力 赚取可接受的 ROI	业绩增长 连续市场份额增加率
战略	清算与剥离产品 人数削减	加强产品多样性 重新定位经营	并购，新产品，新市场 提升产品渗透力
回顾与控制	眼盯式管理 日报、周报现金流 相对 ROA（公司 ROA－行业公司 ROA 中值）	加强管理会计 每周经营回顾，月度控制 季度盈亏回顾	连续 5 年 M/B＞1 稳定计划回顾

资料来源：Bibeault（1982）. Corporate Turnaround. New York：Mc Graw Hill.

O'Neill（1986）认为CEO替换是扭转的前提，成功扭转与战略重组和紧缩战略相关多元化企业很少采用成长战略。Barker和Mone（1996）认为，丰富的财务冗余资源和规模大的企业，更可能开展战略重新定位被迫继任的新更可能不开展战略重新定位。Sudarsanam和Lai（2001）认为成功扭转企业与继续衰退企业之间的战略次序明显地不同，成功扭转企业更多地采用了资产重组，而扭转失败企业则更多地采用经营和财务重组；管理者重组对企业扭转战略选择具有直接的影响。Chowdhury和Lang（1996）认为小型企业更可能优先选择效率型扭转战略。

2.1.4　影响公司扭转因素

Bibeault（1982）认为导致扭转成功的关键因素有：（1）具有足够权威的新的胜任管理层，可以按计划执行改进措施；（2）财务性和竞争性都可行的核心业务；（3）从外部和内部筹集的过桥资金，以为扭转提供融资；（4）态度积极和有动力的员工，使初始的扭转计划可持续执行。

Slatter（1984）列出了六类因素影响公司扭转效果：（1）衰退原因；（2）危机严重程度；（3）利益相关人态度（股东、管理层、雇员、客户、供应商、债权人、银行、政府、当地社区、竞争者、行业协会等）；（4）公司历史战略，包括公司应对产品市场和利用资产的经验；（5）行业特征，包括公司产品属性、市场分割、相对规模、竞争者力量、退出障碍、供应商议价能力、客户议价能力、报复威胁、技术变化速度、资本密集度、行业增长率；（6）公司成本定价结构，直接决定公司成本削减战略与市场提升战略，进而传递给公司利润的提升。

Silver（1992）在上述因素基础上，增加了负面的公共报道，扣押令和剧烈的法律诉讼也可能造成扭转计划走入迷途，这些是由债权人、媒体和内部争吵引起的对公司的伤害。在媒体高度发达的当今社会，传统媒体（如报纸、杂志、电视、广播）、新兴媒体（如网络媒体）和自媒体（如博客、微博、微信）的运用，使一些负面报道流传速度很快，对公司杀伤力很大。

影响扭转战略的因素有：衰退原因、危机严重程度、公司历史战略、行业特征、公司成本定价结构、股东态度、银行态度、债权人态度、雇员态度、新胜任管理层①、可行核心业务、过桥资金、可行扭转计划。Taylor（1982）列举了要成功扭转，在衰退阶段和复苏阶段在公司层面采取的步骤（见表2－5）。

表2－5　　走向成功恢复步骤

	衰退阶段	复苏阶段
行业结构	降低公司数量，集中生产能力	安排并购，合作供应协议
融资与流动性	降低管理费用，削减流动资金，卖资产	重建盈利，筹集投资现金
管理与组织	削减管理与中心人员	任用创业精神人员
产品与市场	减少产品线，关闭末端公司	连续2年Altman Z值为正
生产与经营	简单设计，转移劳动密集型经营	投资最新设备，增加高质量产品工人
技术	关闭无用工厂，撤出过时产品	投资现代流程和新产品
人员	减少操作人员	提高生产，提高待遇
计划与控制	取消原来5年计划控制，收紧每月预算	基于战略，对经营重新分配资源

资料来源：Taylor，B.. Turnaround，recovery and growth. Journal of General Management，1982，2：5－13.

并非所有的公司扭转都会成功，有些可能还处于不确定状态，很多还可能失败。Slatter（1984）将扭转结果分为四类：

（1）完全无希望类。在扭转阶段，公司管理层虽然进行了努力，但还是破产或被收购，作为独立的经营单元在市场中不再具有存在的可行性。

（2）短期生存类。公司虽然在连续几年内提升了盈利，但由于没有可持续发展的竞争优势，最终走向了破产。

（3）维持生存类。公司度过了衰退期也进入了上升阶段，但公司可持续恢复能力存疑，公司投资者花费的时间和金钱价值存疑。

（4）可持续恢复类。公司成功执行了恢复战略，并且长期取得了平均利润以上的盈利，进入了扭转阶段的增长阶段。

① Bibeault（1982）列举了胜任管理层的关键特征：能够识别痛点、能够解雇大量人员、不是因人导向而是用人导向、独立决策、成绩与目标驱动、行动导向、自信、创造性与创新性、高标准业绩、制定果断决策性行动、利用绝对权力、行业经验丰富、信息导向、实施紧控制、耐高压。

2.2　企业扭转基础理论

2.2.1　利润最大化理论

Hornby（1995）认为，公司理论可以分成五个主要流派，经典利润最大化理论、管理理论、行为理论、结构业绩理论和交易成本理论。经典利润最大化理论可追溯到亚当·斯密的《国富论》，每个公司个体都是从自我利益最大化出发，进而提高社会福利。Friedman（1970）进一步完善了该理论，提出利润最大化要以法律和伦理允许为前提。社会发展带来规章的变化，如美国法律规定，公司董事和高管要最大化公司股东的长期利益。利润最大化理论可直接用于公司扭转，扭转公司的目标就是要改变公司的状况，使其由坏变好。最优先就是要提高盈利能力，这就意味利润最大化就是要生存下去的公司的扭转目标。企业扭转成功的标志就是业绩得到改善，资产收益率提升，积累利润，企业才有持续经营的基础。如果公司经营不断亏损，不断侵蚀资本金，最终企业将无法生存而消失。

2.2.2　生存基础理论

Schumpter（1939）首先将进化论和自然选择的概念引入经济学。适者生存的理论可在经济学中很多地方应用。可以用来分析公司怎样在行业中发展和竞争，也可用来解释经济中的变化（Nelson and Winter，1982）。

以生存为基础的理论类似达尔文的进化论和自然选择理论，是社会学中的达尔文主义，强调遵照自然原则，只有最好的竞争者才能赢，最后导致社会作为整体提升。社会学中的达尔文主义假设以合理的方式在社会中竞争很正常，从而产生效率高、生存能力强、欣欣向荣的最适合的企业。

20 世纪后期，新达尔文主义出现了，强调社会整体性。假设竞争和合作是相互关联的，因为在竞争市场生存，竞争促使企业更加合作，提倡做好事和遵守伦理道德与信守价值（如友谊、信任、忠诚和合作）（Klein，2003）。

社会达尔文主义和新达尔文主义是三个进化论的主要流派之一，其他两个是概率理论和复杂理论。概率理论与进化论相关，引入了间断平衡的概念，在这个概念中，循序渐进的变化被新个体的出现打断。用组织的术语说，组织的日常活动覆盖激进的、剧烈的、零星的、简单的变化。

复杂理论试图解释有机系统可以从混沌系统中自然而然地出现。根据该观点，复杂适应性系统生成过程包括从个体出现，依据简单的规则和目标，最后创造一个自组织系统，并形成一个复杂组织。

进化理论引入组织领域发生在20世纪70年代末80年代初，由Aldrich（1979）引入。进化理论对战略管理有重要影响，该领域最重要的贡献来自Henderson（1989）文章《战略的起源》，文章中提出，生命自开始就要竞争，没有精确相同的物种可以生存和延续。因此，他认为公司要生存，必须要差异化自己，有同样目标和客户的完全相同的公司是无意义的。

战略管理生存理论强调，为了生存，公司必须要实施战略，着眼于最有效的运转和对竞争情境最快捷的反应。麦当劳是适者生存理论最成功的例子，因为适应了高效的现代生活和高效工作。有些反对者认为，选择一个特别的战略不是最优的，最好是准备几个战略，通过自然选择过程选择最好的最适应情境的战略（Lynch，2000）。

该理论可直接应用于公司扭转领域。一个病态公司通常同时面临许多问题，如财务困难、失败的产品、关键人员流失和很多其他问题。这些实际上显示公司不能有效运行，业绩不佳的销售、工厂生产不足、过多冗员等。这些低效率的特征可以解释下滑公司为什么常常要解雇人员、重新定位产品和出售低产能资产。扭转的主要目的就是使公司更有效运行和更适应竞争情境，提高盈利性和最终在竞争市场中生存下去。因此，成功扭转的公司就是运营高效和成功适应情境的公司。

2.2.3 权变理论

权变理论是战略和组织研究中最有影响的理论之一，也被广泛应用于战略管理。权变理论的最初想法来自于组织理论（Khairuddin，2005），该理论改进了经典管理理论。该理论出现在20世纪60年代，其最基本的范式就是，建立适合组织的特征，使组织有效运行。早期的权变理论主张好业绩与权变适应能力相关联，如公司规模、技术水平、战略、情境要与公司选择的组织结构类型相适应。情况改变，如改变公司规模和战略，将使结构与组织与之不适合，进而导致低业绩。为取得适应，对结构也要相应调整，这样才能获得好业绩。权变和组织结构的研究被称为结构权变理论。

权变视角是扭转研究的传统和占绝对优势的视角。其起源于 Schendel，Patton 和 Riggs（1976），他根据导致企业衰退的原因从而将扭转战略分成了运营性扭转和战略性扭转，并提出了扭转战略选择的一个匹配原则，即扭转战略和衰退原因之间的匹配。从此，许多学者开始了对于扭转成功有效的战略类型的探索。

扭转理论的另一个奠基人是 Hofer，他在 1980 年提出了扭转战略选择的权变模型，但是他的这种权变基础在很多年其实被曲解了。因为 Hofer（1980）认为，衰退企业当前的健康状况是扭转战略选择的基本出发点，即运营不佳则选择运营性扭转，而战略不恰当则选择战略性扭转。但是对于运营性和战略性问题的划分，Hofer（1980）认为应该根据衰退严峻性程度进行区别，也就是应该根据衰退严峻性进行战略选择，在本质上就是扭转战略与衰退结果之间的匹配。

Hofer（1980）指出，依据企业业务在产品市场中的地位来选择相应的战略性扭转行动包括扩大市场份额、细分市场、资产削减或清算战略，而对于操作性扭转战略行动则应依据企业业务的销售额与盈亏平衡点之间的比率来选择，包括四种主要战略，即利润增加、成本削减、资产削减和组合战略。Hofer（1980）认为公司经营在盈亏平衡点以下的就要采取资产削减战略，稍微低于盈亏平衡点要采取收入增加战略，靠近盈亏平衡点的需采取成本削减战略。在有些情况下，又需要战略结合。

因此，Schendel，Patton 和 Riggs（1976）提出了扭转战略与衰退原因之间的匹配原则，而 Hofer（1980）则提出了扭转战略与衰退严峻性之间的匹配原则。Pandit（2000）根据成本与收益的关系曲线，列出了危机严重程度和匹配战略关系图（图 2－1）。

Grinyer，Mayes 和 Mckiernan（1988）和 Grinyer 和 Mckiernan（1990）调查了衰退的初始原因，主要集中于特定事件引起公司战略的改变，并比较了两种变化的差异和相似性，一种变化是逐渐发生的变化，另一种是环境驱使突然发

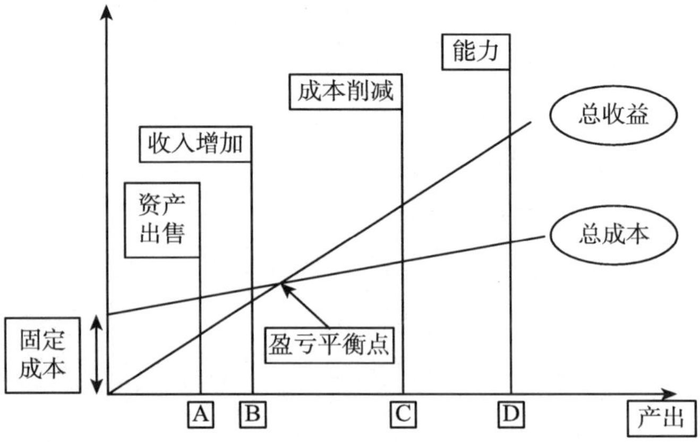

图 2-1　危机严重程度与合适恢复战略关系（Pandit，2000，P. 39）

生的。因此，他引入了关键阀值理论和尖尾理论。他们的结论强化了原来关于扭转的不同阶段要适用不同战略的发现。

扭转战略选择在本质上是基于四大匹配原则，即扭转战略与衰退原因匹配、扭转战略与衰退程度匹配、扭转战略与阶段匹配、扭转战略与时间匹配。因为衰退原因指引着扭转战略的方向，衰退程度决定着扭转战略的强度。除此之外，变革是扭转战略开始的先决条件，因为现任 CEO 对衰退原因的认识具有偏差，所以必须要进行变革。而企业所拥有的冗余资源缓解了绩效衰退对企业的压力，从而降低了衰退程度。行业特征与企业特征实际上是扭转战略的背景条件，而不是特定的因素。

2.2.4　资源基础理论

资源包括有形资产和无形资产，影响到公司运用战略提高的效率和效果。有形资产是以财产为基础的，包括工厂和设备、地理位置、物理技术和可用原材料。无形资产是以知识为基础的，包括组织路线和员工业务能力。关键资源是稀缺和难以模仿和估价的。公司可以利用资源提高市场能力，从而取得竞争优势。随着时间的变化和公司情境（环境）的改变，这些公司已有能力的价值会降低。所以，公司面临的中心问题是平衡已有能力的应用与新能力的开发，以确保长期生存。可获取的政府支持、银行信贷资源也可作为公司的间接资源，可在公司扭转中发挥重要作用。

冗余资源[1]在公司扭转中非常重要，因为公司处于衰退中，从银行和其他渠道获取资源的难度增加。Bourgenis（1981）认为组织冗余（organization slack）指的是“一种实际的或潜在的储备资源，其存在允许企业为了适应内部或外部压力，在政策上进行变革，以及在战略方面发动与外部环境无关的变革”。简单地说，组织冗余就是一种过量的、能够随意使用的资源以缓冲组织内外环境变化的压力。

Cameron 等（1987）指出，企业衰退的一个基本特征就是企业赖以生存的资源急剧减少，而且更为严重的是，这种资源缺乏导致的绩效下降又形成了恶性循环。在衰退情境中，企业资源的提供者——相关利益者对企业的信任丧失，因而企业获得资源的渠道减少，使得企业扭转战略的开展严重地依赖企业自身所积累与拥有的冗余资源。事实上，Hambrick 和 D’Aveni（1992）在研究中发现，破产企业在宣布破产之前的许多年（甚至到前 10 年）都缺乏足够的冗余财务资源。战略存在的本质就是在资源稀缺的情境下设计一种在可能的情况下最优的资源配置方案。因此，在衰退困境中，如何有效地配置和利用稀缺的生存资源，促进绩效快速地回升是扭转战略的重要目标。因为扭转行动不但是具有风险的，而且是耗费资源的。错误的、不恰当的、过多的扭转战略行动都可能耗费了企业的冗余资源，直到企业找到合适的正确的扭转行动之前，但是可能已经为时已晚。Hambrick 和 D’Aveni（1992）在研究中明确指出，错误行动耗尽了冗余资源是企业陷入破产的重要原因。因此，稀缺的生存资源迫使衰退企业必须注重扭转行动的效率性。

Morrow et al.（2007）发现通过并购整合已有的存量资源，创造有价值的新产品、新技术对公司恢复有正面影响。重要股东也是公司的重要资源，他们有重要的资源，当公司非常需要的时候可以提供支持。与贷款人、供货商、客户、员工和政府良好关系也是公司重要资源，特别是处于企业衰退时。

2.2.5　财务困境理论

Modigliani 和 Miller（1968）提出了著名的 MM 定理，这是现代资本结构理

---

① Sharfman et al.（1988）将冗余资源分成了 3 种类型，可利用的、可恢复的和潜在的。可利用冗余指的是没有被投入组织设计或专用支出的资源（如，多余的流动资产）；可恢复冗余资源指的是已经被吸收进入企业的营运系统之中，但是作为多余的成本形式出现（如，过多的管理费用支出），但是通过组织的重新设计可以被释放出来；潜在冗余指的是利用企业的声誉或信用可以从相关利益者那里产生的未来资源（如，通过增加债务或发行股票而得到）。

论产生的标志，也是现代金融理论的基础。MM 定理发表以后，引发了学术界的激烈争论，争论主要集中在 MM 定理的完美市场假设前提是否成立。

到 20 世纪 60 年代末，经过激烈的争论后，MM 定理逐渐确立了在资本结构领域的主流地位。虽然 MM 定理是在完美的市场条件下（如无税收和交易成本等）的结论，但如果把假设条件放宽，就可以得出在不完美条件下的各种结论。这反而为学术领域引出了众多的与 MM 定理相关的研究领域，因此围绕 MM 定理产生了大量的研究成果（Modigliani，Miller，1968；Deangelo，Masulis，1980；Lizenberger，1986）。

其中有两个分支的研究引人关注：一个分支是以 Brennan（1970），Miller et al.（1977）为代表，研究的重点是探讨各类税收制度差异与资本结构的关系，目前的热点是通过不同国家的不同税收政策的研究，对资本结构进行比较研究；另一分支是以 Baxter（1967），Stiglitz（1969），Altman（1984）为代表，研究破产的影响因素、破产成本的量化以及对资本结构的影响，被称为破产成本学说。Baxter（1967）认为，除非企业能让债权人确信企业具有足够的权益作保障，否则就无法进行债务融资。所以每个企业都存在一个“可为债权人接受的债务水平”，这取决于企业经营净盈利的变异性，一旦企业负债超过“可接受水平”，资本平均成本就会随着负债的增加而提高，并增加破产的可能性。由于破产是有成本的，所以过度负债必然减少企业价值。实际上，这个观点引入破产，等于放松了 MM 定理中企业资本结构与预期利润无关的假设。Stiglitz（1969）也认为破产对资本结构是有影响的，但证明了如果给定更为严格的假设，MM 定理在存在破产可能下同样成立。他的观点由于其中庸性得到了双方的认可，破产成本理论也在学术界确立了自己的地位。

尽管由于潜在破产成本实际证据的搜集比较困难，使破产成本对公司债务和权益选择影响的研究没有受到很多重视，但有几个研究对此进行了关注。Stone（1977）认为，破产成本分为直接成本和间接成本。在临近破产时，成本呈加速度上升，利息增加、信贷来源减少、销售减少、管理低效。Altman 等（1984）注重实证研究，进行了破产成本的估计。他也将破产成本分为直接成本和间接成本。直接成本包括法律、行政、咨询费用；间接成本包括顾客成本和员工成本，顾客成本包括供应商信心动摇、市场占有率降低、资金取得困难、营运管理中断，员工成本包括士气低落、人才流失等。

破产成本随后渐渐演变为财务困境成本，并且后期的各个学派都承认财务困境的存在及其对企业资本结构决策的影响。实际上，财务困境问题已经不仅仅是资本结构决策的企业内部微观问题，企业财务困境和破产已经涉及一个国家宏观经济的发展、金融体系的稳定甚至社会安定等重大问题。因此，在某种意义上来说，破产和财务困境已经超越了资本结构研究的范畴。

资本结构理论的发展顺序为：传统资本结构理论（—1958）→现代资本结构理论（MM 理论，1958—）→新资本结构理论（1977—）。现代资本结构理论包括破产成本学说（破产成本学说→清偿成本→财务困境）、税差学派、权衡理论和后权衡理论。新资本结构理论包括新融资顺序理论、资本结构决定因素学派、代理成本学说、信号模型、财务契约论、产业组织理论和企业治理结构学派。

正是在这些理论研究和企业实践的基础上，财务困境的概念被提出，并逐渐发展成为资本结构理论的一个新的分支。其中，Gordon（1971）对财务困境理论的建立做出了基础性的贡献，他认为一个完善的财务困境理论应该能够回答以下四个问题：（1）当企业陷入财务困境时，企业普通股股票和债券价值会受到什么影响？（2）陷入财务困境的企业价值与没有陷入财务困境的企业价值有何差别？[①] 各自的资本结构如何？（3）企业处于财务困境的资本成本；（4）财务困境是否影响到企业的融资能力。

总的来说，财务困境还是一个较为笼统、含糊的概念，缺乏一个统一的定义，"财务困境正变成一个困惑和复杂的突出领域"（Gordon，1971）。

根据 Schweizer 和 Nienhaus（2017）的统计，有来自管理学、会计学、经济学、社会学、金融学五个领域方面的刊物都刊发了扭转方面的文章。国际上对公司扭转方面的研究掀起了一次又一次的高潮，特别是在每次金融危机后。因为公司的经营涉及社会的多个方面，因此，引起各领域对公司陷入困境和脱离困境的关注也不足为怪。鉴于已有理论难以全面且成功指导扭转问题的研究，这个跨多个学科的问题需要来自多个学科有关理论的支持才有可能使扭转问题的研究取得社会满意的结果。改变"战略研究者就扭转恶化业绩几乎没有向经理们提供帮助"窘境[②]（Winn，1993）。

笔者认为，公司扭转问题实际上也属于财务困境问题。第一，衰退阶段实际上公司陷入财务困境状态，扭转阶段则是使公司走出财务困境状态。财务困境理

① 破产公司与正常公司的估值也存在差异（王震，刘力，2003）。
② Winn（1993）在其专著《无结论的结果》中指出，当公司时常面临近乎破产、丧失市场和低等业绩时，战略研究者就扭转恶化业绩几乎没有向经理们提供帮助。

论已经被认为是MM理论的延伸，自然，扭转问题也可以认为是财务困境理论的延伸。第二，扭转问题研究要涉及扭转阶段的划分，而划分的根据就是公司业绩。如果业绩持续下降一段时间（如3年），则该阶段被确认为衰退阶段。如公司业绩由坏变好，持续上升一段时间（如三年），则该阶段被确认为恢复阶段。公司业绩的度量有的采用了以会计为基础的度量（如ROA，ROE，ROI），有的采用了以资本市场为基础的度量（股价持续一段时间上升和下降的比率），或二者的结合。因为公司业绩的变化实际上是公司风险的变化，所以还有的采用了衡量公司风险程度的指标如Altman（1968）Z分数或Olhson（1980）的O分数。这些衡量风险程度的指标都是来自财务困境预测的研究。定量分析公司扭转行动的一些根据都来自财务困境领域，所以财务困境理论也是研究公司扭转问题的根据。第三，已有很多著名扭转问题的专家，大量使用了财务困境研究中高频出现的术语。Schweizer和Nienhaus（2017）在撰写最新的扭转综述文章时，搜索文献使用的关键词包括破产（bankrupt）、危机（crisis）、衰退（decline）、违约（default）、困境（distress）、生存（survival）、扭转（turnaround）、剥离（divest）、重组（reorganization）和重建（restruct）。Pandit（2000）撰写最新的扭转综述文章时，搜索文献使用的关键词也用了包括扭转（turnaround）、扭转管理（turnaround management）、恢复（recovery）、危机（crisis）、组织衰落（organisational decline）和衰落业绩（declining performance）。第四，近10年扭转问题的研究，量化研究越来越流行，这些量化模型与财务困境预测中的模型很相似。著名扭转问题专家Pearce（2007）采用多变量判别分析建立了计量模型，而这位学者以前研究扭转问题基本上都采用定性方法，所以定量模型今后将在扭转分析中得到普遍应用。Routledge和Gadenne（2004）利用判别分析对扭转成功公司和非成功公司进行了分类。Trahms（2013）采用了Logit模型研究了扭转问题。Barniv，Agarwal和Leach（2002）采用了有序三分类Logistic回归模型公司复苏（破产解决）的概率问题。Schweizer和Nienhaus（2017）要将扭转过程的时间和动态特征加入计量模型，建议采用面板生存分析模型（panel hazard model）。

将财务困境预测与扭转问题研究统一到现代资本结构理论①中，融合管理

① 现代资本结构理论被认为是现代金融学的重要基石，是20世纪里程碑式成果。贴现现金流理论、投资组合理论、以M&M定理开端的资本结构理论、股利政策、资本资产定价模型（CAPM）、有效资本市场理论、期权定价理论（B&S期权定价公式，Black－Scholes option pricing model）、代理理论、信号理论、现代公司控制理论、金融中介理论、市场微观结构理论被称为20世纪12个里程碑式理论。其中，M&M定理、CAPM公式、B&S期权定价公式被称为现代金融的基石。

学、会计学、经济学、社会学、金融学、数学方面的理论和技术，可能更有利于扭转问题的研究。作为 3 个现代金融基石的现代资本结构理论为经济管理理论界与实务界人士所熟悉，将扭转问题与财务困境问题一样纳入其中，有利于丰富现代资本结构理论内容，由于扭转问题的实用性很强，有利于发挥理论对实务的指导作用。作为金融学的一个新兴分支学科——公司金融学（张春，2008）①，里面很多章节都与公司扭转内容相关。

Barker 和 Duhaime（1997），Sudarsanam 和 Lai（2001），Clapham，Schwenk 和 Kaldwell（2005），使用 Altman（1968）Z 分数来界定公司阶段。Smith 和 Grave（2005）使用了 Taffler（2003）的 Z 分数偿债性指标来表示扭转，寻求与观察到的 Z 分数匹配的恢复战略。在扭转理论中，非常重要的一个原则是匹配原则，就是扭转行动要与反应要素匹配、扭转力度与衰退程度匹配，衰退程度就是公司困境程度。而目前在扭转文献中，对公司财务困境的度量一般都采用了 Altman（1968）的 Z 分数，Altman 是财务困境研究的著名学者。因此，公司扭转研究可以认为是财务困境研究的自然延伸。实际上，公司成功扭转与公司陷入财务困境是两个相反过程，陷入财务困境是公司由好变差，成功扭转是公司由差变好。况且要成功扭转首先要清楚公司陷入财务困境的原因，识别公司财务困境的程度。财务困境理论已成为现代资本结构理论的重要分支。

财务困境理论的核心包括对公司财务困境成本现值的估计和财务困境预测。这个学派现在仍在发展中，各种新的观点不断被提出，已成为资本结构理论研究的前沿和热点之一。财务困境研究需要大量的实证数据，如果数据的可得性和数据的真实性，特别是财务数据的质量今后能够有很大的提高，加上新的数学工具如智能工具能够提供更加准确的预测结果，科学的定量结果会促进定性研究②。因此，从定性和定量两方面丰富财务困境学说的内容，自然也能推动企业扭转问题的研究。

2.2.6　委托代理理论

委托代理理论派生于企业管理理论。1932 年，美国经济学家伯利和米恩斯出版了《现代公司与私有财产》一书。在其开创性的实证研究中，透彻分析了

---

① 张春．公司金融学［M］．北京：中国人民大学出版社，2008。
② 姚宏善．上市公司财务困境预测问题研究［M］．武汉：湖北人民出版社，2010。

企业所有者兼具经营者的做法之弊端，并提出“委托代理理论”。倡导所有权和经营权分离，由企业所有者保留剩余索取权，而将经营权让渡给管理者。“委托代理理论”因此成为现代公司治理的逻辑起点。

委托代理理论的主要观点是：委托代理关系是随着生产力大发展和专业化分工的出现而产生的。生产力发展使得分工进一步细化，权利所有者由于知识、能力、精力等诸多方面的限制不能直接行使所有者权利；另外，专业化分工产生了一大批具有专业知识的代理人，他们有精力、能力代理行使被委托的权利。该理论提出把经营权委托给具有专业化管理才能的经营者，从而利用经营者的优势弥补企业所有者因为能力有限而引起的管理缺陷。

可见，委托代理理论事实上是一种契约理论，其中心任务是研究在利益相冲突和信息不对称情境下的委托代理关系，即委托人如何设计最优契约以激励和约束代理人。其中委托代理关系是指一个或多个行为主体根据一种明示或隐含的契约，指定、雇用另一些行为主体为其服务，同时授予后者一定的决策权利，并根据后者提供的服务数量和质量对其支付相应的报酬。授权者就是委托人，被授权者就是代理人。他们各自的权利和责任通过二者共同达成的契约（合同）来确定。这样，既保证了委托人资产保值增值目标实现的可能性，又使代理人通过从事代理活动获得收益，使双方达成各自的效用目标，促进了社会资源的有效配置，从而完成了所有权与经营权的分离。但是，在委托代理关系之中，由于委托人与代理人的效用函数不一样，委托人追求企业财富最大化，而代理人追求个人报酬（包括工资津贴收入、奢侈消费和闲暇时间）最大化，这必然导致两者发生利益冲突。如果没有有效的制度安排，代理人的行为则很可能最终损害委托人的利益，产生一些消极的影响，如逆向选择、道德风险等代理问题。

虽然扭转理论承认了股东的重要影响，但还未被广泛重视，股东理论可以说明一些扭转研究中未解决的问题，如对走下坡路的公司，债权人与所有者的目标不相同，债权人提供了流动性和投资资金，更不愿承担远期投资风险，因为在公司清算中他们的位置比所有者更安全。另外，债权人向上收益与向下风险同所有者也不同。但公司在增长时期，债权人与所有者目标相似。

代理成本理论拓展了 MM 理论的研究假设，使用信息经济学中的委托——代理理论作为研究工具和方法，分析了代理成本的产生及其激励措施。Jensen 和

Meckling（1976）[①] 首先提出用代理成本的观点来研究资本结构问题。他们对代理成本的定义是：为设计、监督和约束委托人与代理人之间的利益冲突所签订的一系列契约所必须付出的成本，以及执行契约时成本超过利益所造成的剩余损失。其后 Fama 和 Jensen 在《所有权与控制权的分离》一文中，将代理成本的定义加上"代理成本也包括由于完全强制执行契约的成本超过利益所造成的产出价值的损失"。梅耶斯（Myers，1977）发展和完善了代理成本概念。他定义了由风险债务引起的代理成本，即由于给债权人约定支付而使企业放弃未来净现值大于零的投资项目，转向其他投资造成的损失。

根据 Jensen 和 Meckling 的观点，Grossman 和 Hart（1982）认为，由于经理人员投资于公司的人力资本相当大，公司破产将给经理造成很大的损失，因为他们在管理该公司中长期积累的特定经验在别的地方可能没有价值，同时还会因此丧失控制权收益及个人声望，债务融资则会因为负债比例提高将减少股东与经理的利益冲突。在其建立的代理模型中，他们分析了举债融资如何缓和管理者和股东之间的利益冲突，把债务看作一种能促使经营者多努力工作而少个人享乐，并加强投资决策，从而降低代理成本的担保机制。

可见，企业资本结构会影响经理人员的行为选择，从而影响企业未来现金收入和企业市场价值。代理成本理论实质上就是在股权的代理成本和债权的代理成本冲突之间的权衡。均衡的企业所有权结构是由股权代理成本和债权代理成本之间的平衡关系来决定的。债权筹资有很强的激励作用，能够促使经理为了自身的长远利益（包括声誉）多努力工作，少个人享受。为避免公司破产，代理人会谨慎选择企业的各项投融资决策，保持积极健康的财务状况，使企业能够尽可能地在正常的轨道上运转，从而降低由于两权分离而产生的代理成本；同时，负债筹资可能导致另一种代理成本，即企业接受债权人监督而产生的成本。随着债务融资比例的上升，债权的代理成本上升，企业发生财务困境的概率及财务困境成本将随之增加，使企业扭转行动也更加困难。

---

① Jensen，Michael C.，and Meckling，William H. Theory of the Firm：Managerial Behavior，Agency Costs，and Ownership Struture，Journal of Financial Economics，1976，3.

2.3 企业扭转框架

Pettigrew（1987，2012）将扭转理论框架简称为三要素，即什么（what），为什么（why），怎么做（how）。What 就是要改变的内容，why 就是改变的内外情境，how 就是改变的过程。另外何时行动（when）也很重要。图 2-2 给出了企业扭转过程框架（Pearce and Robbins，1993）。

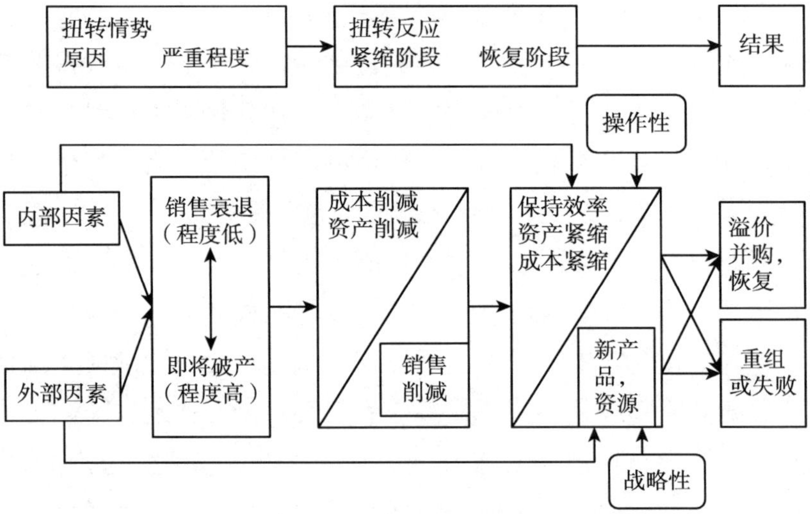

图 2-2 企业扭转框架

2.3.1 扭转内容

正如医生治病一样，管理层在分析导致企业处于衰退的原因和严重程度后，为扭转企业业绩下降的趋势①，必然要有所作为，这些改变就属于扭转内容。Collett，Pandit 和 Saarikko（2014）列出下列恢复行动（10 个）：管理层更换，紧缩行动，债务重构，财务信息系统升级，多余资产出售，战略改变，聚焦新

① 也有极少数情况，企业不做大改变，而坐等环境扭转情境朝好的方向变化，从而使企业脱离困境。

产品（市场），提升营销，担保债权人支持，未担保债权人支持。

O'Neil（1986）提出了4种扭转战略，重组（操作重组、资产组合重组、财务重组）、管理层更换（剧烈的人员更换、剩余队伍的激励问题和重新定义公司自身）、削减（成本、资产）、增长（产品、市场）。

（1）管理层更换。Bibeault（1982）根据所研究的样本，认为管理层控制不当导致衰退占衰退总量的52%（见表2－6）。CEO更换的理论基础与代理理论相联系。代理理论分析了最高管理层与股东和债权人之间的利益一致性（Barker et al.，2001）。CEO的独特认识对扭转行动成功与否有重要影响，在早期感知（early awareness）、衰退属性（attribution of decline）、衰退程度（severity of decline）等方面，代理理论可用于讨论高层管理（TMT）与股东利益的一致性。

表2－6　公司衰退的主要原因

原因	百分比
特别坏运气	1
管理层不能控制的外部因素	8
外部因素与内部因素失衡	24
由外部因素引发的内部问题	15
管理层控制范围内产生的问题	52
汇总	100

资料来源：Bibeault，D. B.. Corporate Turnaround：How Managers Turn losers into Winner. New York：Mc Graw Hill，1982.

①CEO更换。扭转过程高度依赖于CEO创造机遇和把握机遇的能力，因此改变原有领导层对于待扭转公司而言不可避免。Schendel et al.（1976）发现，80%的成功扭转公司变更了CEO。Bibeault（1982）发现成功扭转公司68%变更了CEO。Barker，Patterson和Mueller（2001）发现成功扭转公司中大部分都变更了CEO。CEO替换被视为实现扭亏为盈目标的一个组成部分（Bibeault，1982），对于组织和战略，选择能充分识别公司长处、短处、机会和威胁的CEO十分关键。Porter（1980）认为，CEO在5个方面分析能力很重要，即竞争者、客户、供应商、替代品和新市场准入。因此，管理者更替是普遍现象。

Gilson（1989）研究了处于财务困境的企业中高级管理人员的更替问题。财务困境被定义为无力支付固定的债务义务。对于一个特定企业来说，如果一个企业对其债务违约、破产或私下重组其债务以避免破产的状态都称为财务困境。

研究发现这类企业比非财务困境企业的长期负债比率、资产负债率都显著增高。研究进一步发现处于困境的企业对管理人员的更替比率要比非困境企业明显高出很多。

一些研究者认为CEO年龄影响其扭转战略选择。通常而言，年老CEO可能较少能够抓住新的理念和学习新的行为，因为他们心理和身体耐力较差，而且较少能够在制定决策时整合信息。年轻CEO则具有风险偏好、产品或市场创新、战略变革以及进行多样化变革等特征。有学者认为企业增长与年轻具有相关关系，而且认为年轻CEO可以为小型企业带来更好的财务绩效。相反地，年老CEO被认为更多采取维持企业或产业现状的承诺，从而限制了他们所考虑的选择方案。

CEO任期是依据企业和产业中的任期来描述。对于任期与战略选择之间的关系，有两个相互对立的观点，一些学者认为，那些具有较长任期的CEO较少改变企业的现有战略。CEO的任期越长，则其认知结构变得越刻板即刚性增加，从而较少可能促进战略变革，从这种观点看，较长任期与刚性和现状承诺相一致，或者所拥有的在新市场细分上搜寻机会的知识基础受到限制。

另外一些研究者则认为，拥有较长任期的CEO，在遭遇高度混乱情境时，是企业战略变革的促进力量。CEO的任期也可以被认为是经验积累的指标。这些在稳定环境下所积累的关键成功因素的经验，或许可能成为在动态情境中战略变革的拦路石。但是，这些在各种不确定的环境中所积累的经验，也培养了面对各种没有事先预测到的问题的广泛技能与知识，因为企业的发展道路并没有重复，而这种广泛的知识基础，成为确保企业生存的必要条件，因此，具有较长任期的CEO更具备选择那些具有较高成功可能性战略变革的洞察力与睿智，这恰恰是处于风雨飘摇中的困境企业所必须的（冉敏，2009）①。

但对于一个成功的扭亏公司而言，CEO更换并非必不可少的因素（Clapham et al.，2005；Mackey，2008）。Chen和Hambrick（2012）和Daily和Dalton（1995）研究发现，CEO更替对企业扭转的可能性没有影响，除非之前的股票表现极好或极坏。Hambrick和D'Aveni（1992）认为，这可能由于公司对违约反应迟钝导致，直到企业陷入困境，管理层才会被替换。因此，拯救已经沉没一半的船只变得越来越困难。此外，Weisbach（1988）和Davidson等（1993）所做

---

① 冉敏．衰退企业扭转战略选择研究［D］．［博士学位论文］．西南财经大学，2009。

的事件研究支持 CEO 辞职宣布当天股价的积极反应。美国破产法允许现任 CEO 继续任职，而瑞典的破产申请则自动终止了首席执行官的职位，并使公司获得拍卖权。因此，制度背景的差异导致了关于高层管理人员更换的不同结论（Espen and Thorburn，2008）。

另外，文化可能对 CEO 更换也有重要影响。Bruton，Ahlstron 和 Wan（2003）对东亚华人企业的扭转研究表明，那些同时兼任董事长的企业通常并不会变革 CEO，除非企业的控股股东变化，CEO 失去了董事长的职位。除了利益关系外，兼任董事长的 CEO 实际上也意味着其更可能操纵企业盈利信息的披露，从而掩盖企业真实的业绩信息和衰退原因的解释，可能减少关键相关利益者对现任 CEO 的责难，因而现任 CEO 可能不会成为企业衰退的“替罪羊”。因此，他们认为，在 CEO 同时兼任董事长的企业中，CEO 变革的可能性较小。在注重“关系”的社会中，CEO 更换意味原有的一些对公司有利的关系资源随着消失，因此，这种情况下更难更换 CEO。

在我国的特定经济运行情境中，企业的股权结构也可能影响 CEO 变革决策。因为在我国，许多上市公司都是国有企业转制而来，国有股通常是具有控股能力的大股东，而 CEO 则通常是国家任命的官员，即使企业遭遇严峻的衰退，由于体制的原因可能也不会更换现任 CEO；与之相反，对于那些非国家股控股的企业而言，通常是企业通过市场原则聘任 CEO 的，企业运营绩效实际上就成为评价其能力的一个重要指标，因而一旦企业陷入衰退，或没有满足股东的绩效目标要求，CEO 可能就会成为第一个被撤职的人，而无论导致衰退的原因是什么，是否属于 CEO 的责任等等。因此，有理由认为，在我国特有的制度下，企业股权结构将影响衰退企业的 CEO 变革决策（冉敏，2009）。

最新的研究不仅考察了 CEO 的离职，还考察了前任领导者与公司之间的关系。调查结果支持了如果被解雇的 CEO 仍然是董事会成员，继任者就不能实施真正的战略变革（Filatotchev et al.，2000）。

②高层管理团队更换。局限于 CEO 的分析并不能完全捕捉到管理层继任对绩效的影响。Mueller 和 Barker（1997）通过发现在衰退前高级管理人员的比例与扭亏为盈之间存在显著的负相关关系来支持这一观点。

一些学者在原则上质疑管理层更换。由于被解聘的经理在被迫离职后要承担重大的个人成本（例如：至少 3 年以上不能在上市公司就业），因此，陷入困境的公司的管理者有动机提高业绩（Espen and Thorburn，2003）。一方面，在无法控制的外部原因，特别在政治变化或行业衰退期间（Eisfeldt and Kuhnen，2013），保留管理层会产生可信度；另一方面，CEO 更替作为对内部动荡的一种反应，其效果受到各种影响的调节，新 CEO 及建立高管团队可能并不一定改善业绩（Dowell et al.，2011）。

一些研究认为，高层管理人员的个人特征对他们在困境中接替管理层的成功影响最大（Boeker，1997；Hall，1994）。Chen 和 Hambrick（2012）指出，仅仅解雇 CEO 并不能保证扭转局势；相反，关键的决定因素是任命一位更适合成功制定和实施扭转策略的领导者。不太容易发生违约的公司，其高层管理团队具有更高的职能异质性和教育水平。机会成本高的 CEO 可能承担更高的风险，并更快地失败（Aror and kumar，2011）。此外，CEO 的社交网络关系影响了他对衰退反应的偏见（McDonald and Westphal，2003）。名人 CEO 往往会产生过高期望，往往期望越高，失望越大，导致扭转失败（Sinha et al.，2012）。

③董事会。对公司治理的研究可能会进一步解释管理层更替的不确定性结果（Westphal and Bednar，2005）。内部董事强烈依赖首席执行官，外部董事可以在其他治理机制失效时发起扭转的活动（Daily，1996；Johnson et al.，1993）。此外，外部人士增加了董事会的多样性（Filatotchev and Toms，2003），他们可以提供额外的专业知识，重新获得债权人和股东的信任。多项研究通过描述外部董事数量与生存机会之间的强相关性提供了实证证据（Barker et al.，2001；Daily，1995；Daily and Dalton，1994；Hoskisson et al.，1994；Mueller and Barker，1997）。然而，许多研究报告却与此相反，认为破产公司的独立董事并不比幸存公司少（Daily and Dalton，1994；Elloumi and Guevie，2001）。通过改变持股结构增加 CEO 更替的可能性，显著影响管理层更替的有效性，从而进一步扩展了这一框架。因此，幸存下来的公司往往拥有更大的机构投资者（Filatotchev and Toms，2003；Kang and Shivdasani，1997）。然而，Jostarndt and Sautner（2008）并没有发现所有权集中度和管理层更替可能性在困境中存在相关性。

在困境中管理层的更替所产生的混合效应导致的结论是，管理层的更替在很大程度上取决于情境因素。危机期间 CEO 的更换仅仅有部分正面影响，在企业陷入困难境地时，管理者往往充当替罪羊。

（2）操作重组。操作重组注重的是不以公司战略为目标的经营效率。操作性重组可以进一步细分，如效率定位型重组和增长定位型重组，分别注重效率和促进增长的行动。Sudarsanam 和 Lai（2001）通过对操作性重组分类，发现操作重组可以改变组织的现有流程，调整产品和服务供应以及相关销售活动，或者应对运营资产或资本结构的变化。此外，裁减雇员也可能有助于提高效率或降低费用。另一个重要的操作重组子类主要针对企业人力资本。这些子类别明显不同于更具战略导向的举措，例如，Bowman 和 Singh（1993）总结的组织重组，其中包括更严厉的措施，如收购。

①组织流程。组织过程的改变是操作扭转的关键要素。然而在实证研究中，该要素在很大程度上被忽略了，主要原因是由于难以从外部角度观察和量化过程的变化。事实证明，当企业面临衰退时，尤其是在情境变化的偶然性条件下，改变生产过程是一种有效的手段（Robbins，1993）。并非所有的进程改变都是紧缩导向型，Cefis and Marsili（2005）认为，以增长为导向的过程创新尤其对生存机会有很大的影响。尽早实施流程更新对扭转效果至关重要（Sinha and Noble，2008）。因此，在企业扭转紧缩阶段实施组织过程重组是最有效的（Eichner，2010）。纵向研究和调查技术的研究可以为现有的概念性工作增加经验证据，从而解决可观测性和外部测量方面的困难（Bititci et al.，2012）。

②产品及销售。公司违约的可能性取决于产品的生命周期阶段，因为技术的不断进步和成熟产品之间的竞争加剧（Agarwal and Gort，2002；Agarwal et al.，2002）。过度专业化的产品供应会导致或加速公司的困境（Opler and Titman，1994）。因此，通过各种创新来改进产品可以显著地提高生存机会。然而 Cottrell 和 Nault（2004）发现，对现有产品进行纯粹的扩展会适得其反，甚至会阻碍操作重组。因此，创新在企业陷入困境时发挥着至关重要的作用，使企业能够收取创新溢价（Cefis and Marsili，2005）。

③人力资本。一些关于企业陷入困境时人力结构调整的研究得出了相互矛盾的结果。John et al.（1992）和 Chowdhury 和 Lang（1996）指出，裁员是业务重组过程中节省成本的最大因素，并显著提高了生存的可能性。有研究发现裁员通常都是用于立即试图降低成本和恢复流动性（Budros，1999；Norman et al.，2013），尽管在缩减期间的自动裁员可能在短期内降低成本，但在复苏和稳定阶段使用裁员更有效（Love and Nohria，2005）。

许多研究支持裁员可能带来的负面影响。例如，它可能会降低员工的创造力，并对在岗员工产生负面影响，被称为“生存综合症”（Amabile and Conti，1999）。此外，从机构的角度来看，裁员会对公司声誉产生负面影响（Love and Kraatz，2009），如果研发和资本密集程度高，或者经济衰退期间，这些负面影响会更加严重（Guthrie and Datta 2008；Lin et al.，2008），Nixon et al.（2004）和Hannan et al.（2006）指出，裁员会对市场回报产生负面影响。

④资本支出。资本支出变动具有双重效应（Eichner，2010）。理论上，在紧缩阶段，资本支出的减少可以有效地减少财务负担，而在稳定阶段，资本支出则提高了资产的生产率（Schendel et al.，1976）。然而，其实证结果仍不确定。Andrade和Kaplan（1998）指出，对于陷入困境的公司来说，削减资本支出是不可避免的，Sudarsanam和Lai（2001）也提出了同样的观点，但研究结果却没有发现任何重大影响。Furrer et al.（2007）研究发现，资本支出与市场表现呈负相关。

因此，资本支出只有在战略资产削减或组合重组的情况下，才能推动业绩显著提高（Lins et al.，2013；Pearce and Robbins，1993）。此外，陷入困境的公司往往无法增加资本支出，因为现金流受到直接限制。2008年金融危机期间，在陷入困境的美国公司样本中，86%的首席财务官表示，由于财务限制，他们无法投资于有吸引力的项目（Campello et al.，2010）。

（3）资产组合重组。资产组合重组与操作重组形成鲜明对比，前者侧重于对公司投资组合进行战略性调整，目标是提高流动性或效率，而后者的目标是重新聚焦业务。

企业困境研究人员一致认为，重新聚焦是企业扭亏为盈过程中不可或缺的组成部分（Gibbs，1993；Hoskisson et al.，2004；Lasfer et al.，1996；Bergh et al.，2008）。Hoskisson et al.（2004）指出，企业的重新定位可以使陷入困境的公司获得额外的资源，并减轻竞争加剧或立法变化带来的潜在危害。然而，如果投资组合重组举措过于广泛，它们对业绩的影响就会减弱（Brauer，2006）。Greening和Johnson（1996）指出，公司高层的精力和注意力只集中在管理一个复合体，过于多样化的投资组合重组可能导致缺乏时间来处理日常业务，从而增加违约的可能性。

①资产削减。操作重组下的成本削减只产生有限的影响，而且往往不足以单独扭转局面。只有与战略性的资产削减相结合才有可能显著提高生存可能性，因为危机前的多样化水平往往过高（Asquit et al.，1994）。这种积极影响主要是由于杠杆率的降低和对核心能力重视程度的提高，以及通过剥离生产率较低的工厂而实现的生产率增长（Denis and Kruse 2000）。然而，Lamont et al.（1994）的实证分析表明，过于严格的削减资产会阻碍复苏。危机程度高的公司经常出

售其最赚钱的、通常具有重要战略意义的资产价值以增加现金（Andrade and Kaplan，1998；Campello et al.，2010）。此外，当企业陷入困境时，从股东到债权人的权力发生重大转移，市场可能会做出负面反应（Li，2013）。因此，债权人影响资产剥离决定，投资者的资产回报率降低（Brown et al.，1993）。Brauer（2006）提出，在资产剥离中要考虑获得了什么？应该获得什么？

②投资。只关注资产削减会导致片面的策略，缺乏足够的杠杆，使公司更容易发生危机（Sheaffer and Mano－Negrin，2003）。Dahiv 等（2003）强调了债务人增加融资的可能性。根据破产法第 11 章的规定，这类有担保资产的公司可以融资，这样使投资成为可能，从而增加了公司生存的机会。获得新的资源对企业的复苏有积极的影响（Morrow et al.，2007；Smith and Graves，2003；Wu，2013）。Wan 和 Yiu（2009）指出，收购在环境动荡时期是最有效的，在稳定情境中的效果只是有限的。

（4）财务重组。从财务报表的角度看为扭转困境所要采取的“加法”和“减法”也许更加清晰。从资产负债表的角度看，对资产端进行调整，相对于对负债和所有者权益端进行调整，更有利于企业的优化，进而有助于公司脱困。对资产类项目而言，包括库存管理、延长应付款期限和优化应收款项有利于改善公司的流动性。对负债类项目而言，改善债务种类、期限结构，使偿还债务需要的现金流与经营获得的收入现金流匹配。对所有者权益项目如削减股息，或发行股票可以增加公司可利用资源。

从财务角度来看，危机的代价是巨大的，因此公司通过私人财务重组来避免破产申请（Franks and Torous，1994）。尽管金融危机成本的实际数额各不相同，但学者们一致认为其对经济复苏有重要影响。Wruck（1990）报告的平均直接困境成本为市场价值的 3.5%，间接成本为9%—15%。Andrade 和 Kaplan（1998）发现美国公司的困境成本略高，为 10%—20%，Almeida 和 Philippon（2007）计算出困境净现值为困境前价值的 4.5%。Gilson et al.（1990）发现，50%的陷入困境的公司在陷入困境时成功地进行了私人财务重组。Franks 和 Torous（1994）指出，与破产申请期间相比，私人财务重组情况下债权人的回收率要高得多。然而，小公司和有形资产低的公司，以及破产成本可能更高的公司，倾向于选择具有更大内在破产风险的资本结构（Hovakimian et al.，2012）。Bowman et al.（1999）指出，财务重组是实现扭亏为盈的最有效手段。此外，Yawson（2005）将财务重组与投资组合重组对业绩的滞后影响进行比较，强调财务重组的直接效果。

①债务重组。危机化解的一个重要因素是，决策者将坏账损失能否实现跨时间和跨利益主体分摊[①]。企业的衰退很多是由负债引起的，负债总量和负债的期限结构不当均会引发衰退。特别是在资本市场不发达的发展中国家，主要依赖银行融资，导致债务高企，债务结构与可支付结构不匹配。Molina（2005）也认为，过度杠杆通常是造成危机的主要原因。在经济危机时更是如此。Jensen（1989）认为，高杠杆增加了对短期困境反应的概率。Ofek（1993）发现，出现困境的前一年企业的杠杆水平对于在困境年采取某些经营方面的措施有正的、显著的影响；高杠杆也显著地增加了困境后短期内债务重组和减少股利发放的可能性。Opler和Titman（1994）的研究发现在处于低迷时期的行业中，高杠杆企业比低杠杆的竞争对手要失去更多的市场价值。因此，正如Wruck（1990）总结的那样，杠杆率的降低避免了危机，但不能使价值最大化。Kalay et al.（2007）进一步指出，负债率较高的公司经营业绩改善幅度较大。George和Hwang（2010）发现，成功转型的公司有更高杠杆率。该研究表明，通过负债可获得税盾的好处，负债利大于弊。

大量的研究支持减少杠杆的积极影响（Kahl，2002）。Zingales（1998）认为高杠杆下通过减少投资减少了生存机会。Giroud et al.（2012）发现，债务削减后，绩效有显著改善。

不同研究结果冲突可能在一定程度上是由情境因素造成的，比如行业动荡。Campello et al.（2011）指出，在财务重组期间重新谈判信贷额度是成功扭亏为盈的关键决定因素，尤其是在整体经济下滑的时候。银行重新谈判的意愿很大程度上取决于即将到来的衰退等宏观经济因素。

许多金融领域学者进行了债务构成方面的研究。Asquith et al.（1994）和James（1996）指出，债务构成对扭转局面同样重要。基于代理理论，Brown et al.（1993）指出，从股权持有人到债权人的权力转移意味着重组公司向私人债权人提供股权，向公共债务持有人提供优先债务，也会带来积极的市场反应。因此，债务合同在危机期间可以作为一种有效的纪律机制（DeAngelo et al.，2002）。然而，管理层和股东往往会试图削弱债权人的权力影响，基金经理和所

① 瑞·达利欧在《债务危机》一书中，总结了过去一百年间的主要债务危机，在此基础上建立了债务大周期模型。他认为债务危机化解的关键是决策者将坏账损失实现跨时间和跨利益主体分摊。决策者是否有能力这么做取决于：（1）决策者是否能保持债务计价货币的币值稳定；（2）决策者是否能对债权人和债务人施加影响。

有者在困境中选择净现值较低的投资项目，从而为股东带来更高的回报（Bernardo and Talley，1996）。作为剩余索赔者的债权人将不得不同意做出让步，以避免代价高昂的清算。无论公司处于何种困境（Mella Barral，1999），由于这些代理问题，私人债务重组的交易成本仍然相当高，并限制了在危机期间债务结构的改变程度（Gilson，1997）。

②流动性改善。在危机扭转期间，恢复足够的流动资金同减少债务和改组一样重要。例如，延长应付账款以提高流动性与扭转呈正相关（Chowdhury and Lang，1996）。此外，削减股息被视为危机期间额外的流动性改善措施。然而，概念上和经验上的研究结果仍然没有定论。而股息的减少可能会导致流动性的立即增强，对资本市场的信号效应则是负面的（Eichner，2010），Sudarsanam 和 Lai（2001）甚至报告了轻微的负面结果。然而，Castrogiovanni 和 Bruton（2000）的结论是，母公司简单地注入资本以增加流动性，并没有产生预期的结果，甚至恶化了陷入困境的公司的经营业绩。

上述研究结果表明，在分析流动性改善对转型成功的影响时，情境因素尤为重要。学者们的模型并不总是能清楚地区分公司的健康状况，因此阻碍了对不同研究结果的总结。此外，立法框架对保护债权特别重要。

2.3.2 扭转过程

对扭转过程的研究主要采用组织变革理论中的生命周期方法（Chowdhury，2002）。虽然在许多研究中，扭转过程的程序方面仍缺乏坚实的实证证据，而且明确分析不同扭转过程阶段的工作仍然缺乏代表性（Hoffiman，1989；Pandit，2000；Pettigrew，2012）。如何实现逆转从根本上决定了生存的可能性（Bergh et al.，2008）。因此，扭转的内容必须相应地调整，与陷入困境的企业的组织过程阶段相适应（Barker and Mone，1994；Bibeault，1982）。

（1）紧缩。紧缩行动，通常也称经营行动，是公司采取的旨在减少成本和资产的一系列行动。相反，战略行动，是公司改变和调整业务领域，以增强竞争能力。因为经营性问题导致的衰落要采取经营性行动（如缩减规模），而战略性问题导致的衰落要采取战略性行动（如引进新产品）。衰落的严重程度会影响是否要进行成本缩减或资产缩减。严重的衰落通常要进行资产缩减。根据这个模型，扭转是两阶段过程，成本或资产缩减后通常就紧随战略行动。扭转的结果并不完全有保证，可能会失败，也可能获得显著正面效果。

Bibeault（1982）将以紧缩为导向的行动称为“止血”，并在困境中以短期稳定为目标。现金流影响最大的活动应首先选择在紧缩阶段（Finkin，1985）。然而，学者们仍然对其适用性和有效性有争论。Robbins 和 Pearce（1992）则把紧缩作为成功复苏的一个组成部分。Barker 和 Mone（1994），Castrogiovanni 和 Bruton（2000）认为，转型的成功取决于实施方法和紧缩战略的背景因素。随后，Morrow et al.（2004）发现，行业条件显著决定了削减成本的成功，他们指出，成本削减只与衰退行业的绩效改善呈正相关。Bovne 和 Meier（2009）进一步质疑了紧缩措施在公共部门的适用性。

Hofer（1980）将紧缩描述为克服效率缺乏和现金流问题的行动。紧缩阶段公司剥落非核心资产和成本，包括裁减非核心人员，目标主要是两个：一是产生正现金流和创造财务冗余；二是为继续经营创造稳定的基础。Castrogiovanni 和 Bruton（2000）认为，紧缩产生三方面好处，即恢复效率、产生冗余、创造动力。

Robbins 和 Pearce 在 1993 年在回顾了该领域内 9 篇有代表性文献后，提出了紧缩——复苏的两阶段模型。该模型强调了紧缩和复苏战略行动在推动公司扭转方面的重要性。衰落的原因会影响紧缩和战略行动的选择，这些原因可能是内部的或外部的。

Robbins 和 Pearce 得出的结论是，首先，那些不通过削减资产和成本来削减开支的衰退公司将不太可能扭亏，而且业绩将继续下滑。在描述他们的两阶段模型时，他们提出，衰落的公司最初需要削减开支以稳定不断下降的业绩，其目标是维持公司的生存和获得正的现金流。因此，他们发现，相对于那些缩减到稳定核心业务的公司，非缩减纺织企业的平均投资回报率（1. 39 个百分点）非常小，这意味着这些公司的平均投资回报率继续下降，或者充其量表现不佳。其次，对于面临衰退的公司来说，紧缩几乎具有普遍效用。

选择错误的紧缩策略或实施不当，实际上会进一步推动一个组织走向衰落（Cameron，Sutton and Whetten，1988）。但是，许多研究也发现紧缩战略并不是必须的，如 Arogyaswamy（1992）指出，企业可以通过增加销售额等手段来改善效率。有的学者甚至发现紧缩战略有害于企业的扭转，如 Barker 和 Mone（1994）指出，紧缩导致企业削减了关键的费用或出售了最有价值的资产（如航空公司出售了盈利最丰厚的航线），结果导致了企业不能够扭转成功。一些研究人员对企业扭亏或倒闭的案例进行了研究，他们认为，从事紧缩活动可能会降低企业成功复苏的机会。然而，紧缩和复苏之间的协同效应超过了单独紧缩举措的效果（Schmitt and Raisch，2013）。企业衰退导致了一些企业必须进行紧缩，而不是说企业要成功扭转必须要选择紧缩。

关于削减阶段的强度，大多数研究认为在最初的扭转阶段应实施严厉的成本削减行动，Bruton et al.（2003）报告了实施削减战略的规模与企业生存之间的积极关系。此外，Denis 和 Rodgers（2007）发现，如果企业在紧缩期间实现了大规模、深度的资产和负债削减，它们更有可能持续经营。然而，在特定的企业困境背景下，稳定情境中更灵活的小企业也可能会因为业绩不佳而变得高度僵化（Greve，2011）。Van Witteloostuiin（1998）认为，组织惯性甚至增加了生存机会，这使得公司要比变动更快的竞争对手更持久。

（2）创新战略。创新战略在本质上指的是那些在当前业务领域内的流程再造与资源调整的行动，如市场渗透、产品种类调整、增加广告、促销或价格调整等战略。但是对于创新战略的有效性，也产生了一些具有矛盾的发现如 Hambrick 和 Schecter（1983）发现在成熟行业的企业衰退中，由于市场份额相对固定，战略性扭转行动通常不太可行。但是也有一些案例研究，如 Hofer（1980）和 O'Neill（1986）等学者的研究表明，创新战略有助于一些企业重新建立与环境之间的协调一致性，并且有助于扭转。Eichner（2010）指出，在复苏阶段的创新对于确保可持续扭转是非常有效的。

（3）增长。增长战略指的是通过业务的多样化进入新的行业，从而降低企业对萎缩市场的依赖性或者进入可以利用企业的优势产生更多利润的行业。Barker 和 Duhaime（1997）发现成功扭转公司在销售方面比扭转失败公司有更显著的增长。Hambrick 和 Schecter（1983）也发现好的扭转业绩与市场份额是显著正相关的。

但是对于增长战略有效性的结论也是矛盾的：Schendel，Patton 和 Riggs（1976）发现超过一半的成功扭转企业或者采用了多样化战略，或者利用了自己的产品或地理位置优势；而 Barker（1992）发现企业战略定位的改变与成功扭转之间具有显著的正相关关系；但是，Zimmerman（1989）却发现许多扭转失败的企业，正是因为采用了多样化战略或并购战略，扭转成功的企业反而采用了在当前行业中争取效率的行动。Sudarsanam 和 Lai（2001）发现复苏企业采用以增长为导向和市场为中心的策略，而非复苏企业仍处于“救火”式的紧缩策略。

另外，提高信息技术可以形成可持续的竞争优势。

Grinyer 等（1990）认为，管理层水平、紧凑的组织结构和市场管理效率对于企业增长很重要。良好的管理层属于行动导向型、重要且有良好沟通能力的人才。优秀的市场营销经理应具有高效环境洞察能力，并且定期与关键客户沟通和聚焦高贡献客户。

2.3.3 扭转情境

在充满竞争的市场中，企业面临复杂的竞争情境，这些情境分为外部情境和内部情境。Ketchen 等（1996）认为，情境是解释与内容和过程相关的性能变化的重要控制项，提供了一个可比较的分析基础。参照 Pettigrew（1987）的框架，该框架将情境定义为内部或外部性质，并将困境的原因添加为新的第三个研究维度。Pandit（2000）将公司扭转的主要情景分为四种，即危机严重程度、股东态度、公司外部情景（行业与宏观经济）和公司历史战略。Collett，Pandit 和 Saarikko（2014）[①] 提出的 Logit 模型中发现资产负债比率、现金流和公司规模显著影响扭转效果。

Winn（1993）通过分析各种类型的企业恶化类型，认为每种恶化类型都必须采用不同的扭转策略。Asquith et al. （1994）和 Giroud et al. （2012）从现金流的角度，将困境原因区分内部原因（如高杠杆率或经营业绩疲弱）和外部原因（如行业衰退）。

（1）内部情境。企业特有的困境原因，如高杠杆率、低经营利润率或过度扩张，属于管理者的潜在影响，因此常常被视为内生原因。许多扭转局面的研究人员认为，这些可控因素比外部因素更能控制，有助于避免违约（Francis and Desai，2005）。

关于经营盈利能力，Hofer（1980）提出经营接近盈亏平衡点的公司应采取紧缩策略来实现扭转，而经营远低于盈亏平衡点的公司则应采取资产组合重组

---

① 他们论文中列举的衰退原因（13 个）
内部：低水平管理，低水平财务管理，低水平市场管理，低水平人力资源管理，高杠杆比率，高短期债务，高坏账，一个失败的重大项目，一个有问题的主要合同。
外部：需求下降，竞争加剧，不利宏观环境，特别差运气。
恢复行动（10 个）
管理层更换，紧缩行动，债务重构，财务信息系统升级，多余资产出售，战略改变，聚焦新产品（市场），提升营销，担保债权人支持，未担保债权人支持。

和增加收入的行动。此外，如果运营盈利能力问题是基于技术的，则必须相应地选择对应扭转策略，因为这明显不同于单纯的成本削减（Lin et al.，2006）。

金融研究领域大多数关于过度杠杆化导致危机的研究成果，发现财务困境的严重程度与违约概率之间存在正相关关系（Campbell et al.，2008；Ofek，1993）。Campello et al.（2010）认为，信贷紧缩的公司不可避免地在技术和资本投资方面进行更严重的削减，并解雇更多的员工，导致在当前困境之后无法实现长期盈利。

Coucke et al.（2007）发现，公司规模和年龄、所有权结构是对扭转行动有效性最具影响力的微观因素。

①公司规模。最常见的情境变量是企业规模，规模大的公司往往具有独特的优势，可以通过发行债券购买资产并作为抵押，提高脱困的可能性。另外，具有战略重要性的大公司在陷入困境时往往能及时得到政府的帮助。一些学者声称，企业规模在所有影响扭转因素中占主导地位（Greve，2011；Robbins and Pearce，1993）。这种因果关系的方向似乎是明确的，企业规模和生存机会之间存在正相关关系（Agarwal et al.，2002；Ahmadjian and Robinson，2001）。Campbell 等（2008）发现，破产保护下的公司平均比幸存下来的公司少。然而，Denis 和 Rodgers（2007）和 Pant（1991）认为，大公司不能像处于困境中的小公司那样迅速重组，因此生存的机会较低。一些学者同样强调，一个组织的年龄比单纯的规模具有更高的变异解释能力（Cefis and Marsili，2005；Thornhill and Amit，2003）。

②所有权。在企业陷入困境时，所有权在信息不对称的股东与管理层之间的利益分配方面，成为扭转措施有效性的重要调节因素（Mata and Portugal，2000）。Donoher（2004）和 Lai 和 Sudarsanam（1997）发现，股权结构和公司治理对扭转策略的选择影响很大，然而，经验证据可推广性值得怀疑。Filatotchev 和 Toms（2003）、Geroski 和 Gregg（1994）发现，机构所有权占比越高，越有可能存活。

在分析国有企业时，对各种所有制结构的考虑变得非常重要。有学者发现相比股份公司，国有企业和私营企业有显著不同的扭转方法和效果（Vicente – Lorente and Sua’rez – Gonza’lez，2007）。

③其他因素。除了以上两个主要的微观经济情境变量外，还有许多其他的潜在因素影响扭转概率。例如，Hovakimian et al.（2012）认为较低的有形资产

与违约风险呈正相关。Agarwal et al.（2002）引用了产品生命周期理论，指出进入产品市场的时间对生存机会有显著影响，成熟阶段进入者比早期进入者和成长阶段进入者更容易衰退。同样，Geroski et al.（2010）也发现了一个“创始效应”，总结出创始人的教育背景、当前的GDP增长以及创办时的其他企业特征都会影响企业的生存寿命。

（2）外部情景。Silverman等（1997）认为，企业死亡率不仅受到企业特定的微观经济情境的影响，还受到行业级别属性的影响。违约风险从概念上看，除了公司特有的特殊风险外，还包括系统性风险以及行业特有风险因素，这些风险视宏观经济因素而定，会产生溢出效应（Giesecke and Kim，2004）。Rose和Giroux（1982）提出多变量模型中增加宏观经济变量可以提高预测能力。在试图寻找哪个宏观经济变量与破产最相关时，他们考察了美国商务部和经济研究局提出的宏观经济指标，以及经济理论中提出的一些变量。他们采用1970—1980年的季度数据，得到了这些独立变量的回归结果。他们定义因变量为每季度的企业失败率。从跨国层面来讲，宏观指标在预测中也许有用。

Moulton和Thomas（1993）的结论是，扭转活动受到本组织外部力量的高度限制。Dawley et al.（2002）指出，这些宏观经济约束甚至可能导致违约。因此，必须考虑不同的情境设置原型，例如行业的波动性、高情境复杂性，或者两者的结合（Siggelkow and Rivkin，2005）。

当明确地考虑外部困境原因时，各种扭转措施产生了不确定的结果，甚至是相反的效果（Mitchell and Mulherin，1996）。一个突出的例子是Lin et al.（2008）的研究，该研究发现，在经济衰退期间，企业大规模裁员或大规模紧缩资产规模，会提高违约概率。在经济复苏期间，这样做是有效的。Wan和Yiu（2009）指出，与行业危机之前或之后的时期相比，情境危机期间的企业并购与危机后的绩效之间的关系更为正面。

外部困境的原因并不直接受公司管理层的影响，这些不受公司管理层直接影响的因素，包括竞争或突然的技术变化、行业条件或立法的改变。Denis和Denis（1995）认为，扭转的概率取决于未预期的宏观经济和行业因素。此外，Das et al.（2007）发现公司违约会随着时间的推移而聚集。对此，作者提出了三种解释：一是公司可能面临多种风险因素并相互作用，导致违约概率的相关变化；二是一家公司的违约可能导致连锁反应，迫使竞争对手陷入困境；三是立法者可以从公司违约中吸取教训，导致法律上的改变，增加竞争对手违约的可能性。Tushman 和 Rosenkopf（1996）强调了这一重要性，他们发现，管理层更替与扭转后的业绩呈正相关，但当行业动荡是造成困境的原因时，管理层更替与随后的业绩显著负相关。Bibeault（1982）报告了宏观情景贡献了成功恢复的 16%，Slatter（1984）认为宏观情景贡献了成功恢复的 1/3。

因此，在相关扭转研究中讨论了多种外部情境变量，大部分作品涵盖了立法、产业和地域特征的影响。

①立法。企业的生存不仅取决于在技术市场的效率性，而且也取决于在制度市场的合法性。合法性是企业得以"获得资源的资源"，只有具备了合法性的企业，才有获得资源的资格，因而其是企业"生存的门槛"。合法性来自于相关利益者对企业行为的理解与认知，而当企业处于衰退困境时，关键相关利益者的支持无疑决定着企业的存亡（冉敏，2009）①。

制度合法性在概念化企业对衰退和生存机会的反应方面扮演着重要的角色（Shane and Foo，1999）。业务重组往往特别受到合法性问题的制约（Ahmadjian and Robinson，2001；Lynn 和 Rao，1995）。

由此可以看出，企业生存实际上取决于两个基本要素，即合法性与效率性。合法性决定了企业是否具备在环境中获得资源的权利，或"生存资格"，而效率性则决定了企业在环境获得资源的能力，或"生存质量"。因此，在制度环境中获得合法性与技术环境中获得效率性同等重要，都关系到企业的生存。组织通过遵守制度环境中的规则、规范与道德，获得那些掌握着企业生存资源的相关利益者的认可、赞许与支持，从而获得生存的资格。

总之，合法性同效率性一样，也是企业的生存要素之一。那么以获得生存为基本目标的扭转战略，必须解决如何通过与环境相匹配来获得合法性与效率性的问题。

除了在不同的法律情境中的程序变化以外，法定情境还直接影响公司对衰退的反应（Mouly and Sankaran，2004）。例如，Davydenko 和 Franks（2008）认为缺乏债权人保护会导致银行调整贷款业务，要求更多的抵押品，从而增加企业的破产成本。Acharya 和 Subramanian（2009）同样发现了债务人友好型破产法与创新使用之间的正相关关系。Atanassov 和 Kim（2009）在考虑到强有力的工会法律和薄弱的投资者保护时，指出了工人和管理者之间的联盟，他们出售资

① 冉敏．衰退企业扭转战略选择研究［D］．［博士学位论文］．西南财经大学，2009.

产以防止裁员，甚至愿意冒业绩进一步下滑的风险。此外，Lel 和 Miller（2008）指出，来自在美国市场交叉上市的弱投资者保护机制的公司，更有可能聘请 CEO 替代作为扭转局面的手段。

②行业。研究者普遍认可的外因是行业危机。金融和管理研究学者一致认为，在行业动荡期间，更有可能出现困境（Almeida and Philippon，2007；Ramanujam，1984）。Campello et al.（2011）认为，企业信用额度在行业危机期间下降，导致企业陷入困境，但 Benmelech 和 Bergman（2011）发现，企业违约降低了其他行业竞争对手的抵押品价值，导致破产连锁反应。后者认为，由于投资组合重组导致的企业资产供应过剩，会导致整个行业的价值下降，从而放大危机。Andrade 和 Kaplan（1998）通过研究得出经济冲击驱动更高的困境成本，显著影响所选策略的有效性。然而，Moulton et al.（1996），Knott 和 Posen（2005）认为，陷入困境的公司会产生外部效应，显著降低整个行业的成本，最终导致有益的经济效应。

Routledge 和 Gadenne（2000）实证支持零售企业比制造业企业更容易倒闭。同样，Hancock et al.（2013）发现，与其他行业相比，制造业企业的裁员效率显著提高。

Schmalensee（1985）和 Rumelt（1991）报告了行业因素大约占利润变动的 8.3% 到 14%。

③地区。行为理论家认为，行业特征以及地区和文化因素都会影响扭转策略的选择（Bruton et al.，2003）。Kang 和 Shivdasani（1997）、Hurry（1993）比较了美国陷入困境的公司和日本公司的扭亏策略，发现后者裁员的可能性更小，裁员的规模也明显小于美国公司。

Bruton et al.（2003）认为，华人公司具有不同于西方公司的资本结构，在公司扭转方面也有不同于西方公司的扭转行动。在东南亚，因为债券市场不发达，华人公司非常依赖银行短期贷款和信贷额度，通常向很多银行申请信贷额度。在西方，很少有公司申请很多家银行的信贷额度。Bruton et al.（2003）将分析范围扩大到东亚公司的整体，并认为文化差异（由公司所有者经理的权力及其与同事的关系来运作）限制了裁员的适用性。当然，在横截面样本中，加入一些国家层面的指标对识别失败公司和非失败公司没有作用，因为所有公司都在同样条件下经营。如果公司之间存在区域和行业差异，加入区域指标或行业指标也许有作用。

2.3.4 扭转结果

扭转模型最后的组成部分就是业绩效果。业绩效果包括财务和非财务方面。财务的业绩效果可以从财务报表如资产负债表、利润表和现金流量表中的原始数据和在此基础上加工数据得出（如盈利能力指标、成长能力指标、偿债能力指标、运营能力指标等）。非财务方面业绩如内部控制系统更加有效、员工队伍更加生气勃勃等。度量业绩效果方面有两点很关键：（1）怎样定义衰退扭转成功；（2）怎样操作扭转效果。第一个问题就要说明业绩改变的数量，以及被评估为公司业绩扭转的持续期。一般认为，能够成功恢复，收益率至少为正或在无风险收益率以上；业绩改善持续多长时间被定义为成功扭转，有些认为 1 年就足够确认扭转（Morrow et al.，2007），其他学者认为至少持续 3 年正收益才能判定成功扭转（Barker and Duhaime，1997）。第二个问题是怎样操作成功扭转，Robbins 和 Pearce（1993）将扭转结果分为 3 种，恢复、温和恢复和清算。Moulton 和 Thomas（1993）发现有些公司在扭转过程中将破产作为故意重组战略，并提出部分扭转成功的概念，在部分扭转成功中，公司剥离许多资产，或者被其他公司收购或保持其标识。其研究发现小公司更优先选择进行重组或破产。

第 3 章　扭转量化模型相关问题

报告成功扭转案例的内容虽然有用，但并不会带我们走远，我们需要更好地理解，适当的内容怎样随上下文环境的变化而变化，适当的内容怎样随时间的演变而演变。

——Pandit（2000）

以 Schendel，Patton 和 Riggs（1976）[①] 的研究为标志，扭转理论发展了 43 年，财务困境预测以 Beaver（1966）的研究为标志，刚好早 10 年。财务困境研究的许多经验有助于扭转问题的研究，特别是可选择性很强的数学模型。在大数据流行的今天，数据的丰富使得定量研究更流行，从近年扭转问题研究的文章已经看到了这一明显的潮流。著名扭转问题专家 Pearce（2007）采用多变量判别分析建立了计量模型，而这位学者以前研究扭转问题基本上都采用定性方法，所以定量模型今后将在扭转分析中普遍应用。本章将围绕的公司扭转定量建模问题进行分析。

3.1　扭转概念的再分析

第一，扭转的界定是后续研究的基础。涉及选择有代表性样本，以得出更有说服力的解释。根据众多关于扭转的研究，扭转开始于威胁到生存的业绩衰退。其后的恢复至少要确保生存，取得可持续的竞争优势。扭转的定性定量研

① Schendel，D.，Patton，G. R.，and Riggs，J. Corporate turnaround strategies：A study of profit decline and recovery. Journal of General Management，1976，3：3 – 12.

究，可以结合会计比率与专家意见，定量指标与定性意见相结合（Pandit，2000）。威胁生存的衰退可以以低于机会成本的投资回报为特征，也可结合专家意见。恢复也可以以大于或等于机会成本的投资回报为特征（Pandit，2000）。扭转的界定应该包括四个方面（Chowdhury，2002）：其一，促使采取扭转行动的刺激因素，根源于公司所经历的业绩下降；其二，一系列构成扭转的活动，涉及内生与外生的环境；其三，活动的承接与有目的的执行；其四，以上三方面在一定时间区间内的结合。

第二，过程的界定也要明确清晰。至少在三方面要考虑到过程（Chowdhury，2002）：其一，在使用变量的扭转理论中，可以显示解释变量和非解释变量之间的逻辑关系；其二，作为一个类属概念，可以指代个体或组织的行动；其三，作为一个事件序列，可以描述事情怎样随时间而改变，以及为何以这种方式改变。有四种过程理论（Chowdhury，2002），即生命周期理论（life - cycle theory）、目的理论（teleological theory）、辩证理论（dialectical theory）以及进化理论（evolutionary theory）。此前大量研究侧重扭转内容，而扭转的过程，即公司怎样从恶化的业绩演变到成功或死亡，则几乎未受到关注。实际上过程与内容同等重要。扭转过程的理解对于扭转理论是非常重要的，虽然扭转理论现在还很不充分（Robbins and Pearce，1993）。过程对时间演变的序列提供了解释，它揭开了事件序列，也同时揭示被解释变量怎样对解释变量做出反应，过程和内容是紧密联系不可分割的。过程和内容是好的理论的核心组成部分（Bacharach，1989）。在实证方面建立观察模式，解释了在观察或估计的单位之间为何存在一定的关系。

第三，理论指导并非形成成功扭转问题研究的前提（Pandit，2000）。Glaser和Strauss（1967）倡导一种故意避开先验理论指导的模式。尽管研究具有时效性，要尽量与现有理论相关。没有先验理论指导的研究，应该有与现有理论可比的预测能力（Eisenhardt，1989）。一项研究的结果应该做出理论贡献，要么确认现有理论的预测能力，或者为现有理论的修改提供证据。

Jones（1987）综述破产预测问题时提出，理论要揭示选择变量和财务困境之间的因果关系。Ball和Foster（1982）提出，鉴于财务困境预测这个问题的复杂性，尽管历史尚欠缺成熟的理论，但实证结果可以促进理论体系的构建。财务困境预测专家Altman（2005）提到，建立在乏理论指导下的Z分数模型（Altman，1968）和ZETA模型（Altman et al.，1977）和后来Scott（1981）提出的一个理论模型有大量共同点①。这实际上说明，在某时刻缺乏理论指导的研究可能在未来另一时刻会得到理论的支持。因为理论也是不断发展的，可能理论经过特定的一段时间后才逐渐完善，显然不可能等待理论完善后再进行扭转方面的基于数据的实证研究。

理想情况下，研究者应该基于经济理论选择计量模型的变量，理论要揭示选择变量之间的因果关系。不幸的是，理论的缺乏已经影响了科学方法的全面应用（Jones，1987）。Ball 和 Foster（1982）指出："财务困境预测缺乏经济理论。体现在许多方面，如很少有研究注意到财务困境意味着什么。实证研究将破产作为困境公司的操作标准。在多变量模型中，解释变量的选择又是另一问题，缺乏经济理论的支持是明显的"。但是，财务困境预测还是获得了很大的成功，出现了大量研究文献，并且这种热情并没有停止的迹象。这一方面是因为财务困境预测有巨大的实用价值。一般研究经济系统的目的是对过去的经济现象进行解释，对未来经济系统进行预测和控制。如果单纯出于预测目的或预测是主要目的，则暂时没有理论支持也未尝不可。Dietrich（1984）在谈到财务困境预测模型的方法专题时指出，各种预测方法在前提假设和计算复杂度方面均有不同，在选择估计方法方面未达成一致意见。一般实证研究都根据数据分布的假定来选择估计方法。一个研究者可以选择 Probit 模型，其他人则可能宁可采用二次判别分析。违反这些方法的假定会干扰模型系数的考查，但不会降低模型的预测能力。如独立变量的共线性会影响变量相对显著性的推断（inference），但不会影响估计方法的预测能力。如果研究的目标就是预测财务状态的种类以最小化设定的损失函数，则选择预测能力高的方法是适宜的。

陈工孟（2006）认为，破产理论的意义无非体现在以下几点：（1）理论模型可以为目前成功的实证模型提供更为严密且逻辑一致的解释；（2）理论可以为以后的实证研究寻找更新、更好的实证模型；（3）有理论基础的实证模型的最终发展，将会增加使用者使用模型的信心，并且可以适用在不同的数据样本中。现在经济研究中采用乏理论模型（a - theoretic，古扎拉蒂，2005）已经越来越普遍，如计量经济学中有一部分内容强调预测，而采用让数据自己说话的

① Scott（1981）的破产理论模型建立的出发点是当一个企业的净资产价值不足以偿付企业所欠债务时，企业就濒临破产，即 REBIT + S（R 代表需偿付的债务和利息，EBIT 代表当年的息税前利润，S 代表公司未来股利的现值）。通过这个基本关系式的推导，得到以一系列常用财务比率表达的关系式，而这些财务比率恰恰是 Alman（2000）提出的 ZETA™ 模型中所使用的变量，所以 Scott 的破产理论模型很好地解释了 ZETA™ 模型中所应用的判别变量，但是这个理论模型是在 ZETA™ 模型出台以后对它的验证，而 ZETA™ 模型也并非是目前所用的唯一经验模型。因此，这个理论模型的实际指导作用还有待考证。

模型，如 ARMA 模型、VAR 模型，虽然用这些工具建立的模型缺乏理论支撑，但预测效果确实较以前有所提高。甚至有著名计量经济学家认为，现在经济问题的计量经济模型，至少有近一半是没有理论支持的。现在很多实证研究，特别是建立的计量经济模型，也有相当部分没有成熟理论的支持。笔者认为也许适合一个经济问题的定性理论和定量模型并没有固定的先后顺序，或定性理论先于定量模型出现，或定量模型先于定性理论出现。

尽管扭转问题的理论也很缺乏（Pettigrew，1987，2012），但自 1976 年开始的企业扭转问题研究还是取得了不小的进展。Pandit（2000）调查了 47 篇扭转方面的文献，仅有三篇与相关现存理论有关。

第四，衰退严重程度和扭转成功程度的量化。因为扭转行动要与衰退因素相匹配，才能取得比较好的扭转效果。可以从定性和定量两方面匹配，已经有一些研究做出了努力。

Sudarsanam 和 Lai（2001），Smith 和 Graves（2005），Clapham，Schwenk 和 Kaldwell（2005）利用 Altman（1968）的 Z 分数刻画衰退程度和恢复程度。实际上，近年在 Journal of Finance 等权威期刊上，已经出现了直接利用财务状态的结果进行其他深入研究（Griffin and Lemmon，2002）的文献。如利用 Altman（1968）公式计算出公司的 Z 分数，利用 Olhson（1980）公式计算出公司的 O－分数，这些分数可以直接表示公司的风险等信息。Logit（亦称分对数）分析法在 MDA 法计算 Z 分数财务困境程度的方法之外，提供了另一种确定财务困境程度的方法。Logit 模型的计算结果比 Z 分数法更直观，因为 Z 分数本身没有经济含义，尽管这两种技术都用数值来对公司进行归类，但 Logit 的计算结果比 Z 分数有更直观的含义，因为其本身代表可能性，即事件发生的概率。

第五，法律对扭转问题研究的影响需要重视。司法本身也是进行公司扭转需要重视的外部环境。Liou 和 Smith（2007）提到，过去 30 年，财务困境的概念随着法律和市场的变化也在发生变化。就美国而言，因为自 1978 年《破产改革法》实施后，破产数量大幅增加。同时，参与买卖困境公司的投资者泡沫般增加，这些投资者一定程度上还参与公司重组，从而增加了财务困境与公司死亡和持有人之间的复杂性。如扭转行动中，经常会用到的经营失败、违约[①]，均

① Lars Schweizer，Andreas Nienhaus 在写最新的扭转综述文章时，搜索文献使用的关键词包括破产（bankrupt），危机（crisis），衰退（decline），违约（default），困境（distress），生存（survival），扭转（turnaround），剥离（divest），重组（reorganization），重建（restruct）。Pandit（2000）写最新的扭转综述文章时，搜索文献使用的关键词包括也用了扭转（turnaround），扭转管理（turnaround management），恢复（recovery），危机（crisis），组织衰落（organisational decline），衰落业绩（declining performance）。

表示公司困境的状态。

不仅根据法律意义和会计意义确定的不同财务困境代理变量实证结论可能存在显著差异，而且，即使根据同一法律的不同章节选择不同财务困境的代理变量，也会产生不同的实证结果。Clark 和 Weinstein（1983）发现，即使同样申请破产保护，按照《美国破产法》第十章和第十一章申请破产保护，市场反应也有很大差异（见表 3－1）。市场趋向对按第十章申请破产的宣告比第十一章申请破产保护更负面一些。他们认为，首先，第十章需要花费更长的时间来完成，在一定程度上，破产成本与过程的持续期是紧密相关的。第十章的重组很可能比第十一章的重组更耗费成本。第二，第十章重组的绝对优先规则具有很大影响，资深的债权人在次要债权人和股东之前得到补偿。与之对应的是，第十一章并没有此方面的绝对优先次序。

表 3－1　　破产中普通股东的经历

破产法	保留价值	变得无价值	不定	总数
第十章	15	17	2	34
第十一章	68	49	11	128
合计	83	66	13	162

资料来源：Truman A. Clark，Mark I. Weinstein，The behavior of the common stock of bankrupt firms，Journal of Finance，1983，XXXVIII（2）：489－504.

市场对此反应的差异还会通过一定环节传导，引起系列“连锁反应”。鉴于证券市场变量的优越性能，财务困境分析中一般会采用证券市场变量，不同法律规定会导致证券市场的不同反应。所以对财务困境从不同意义进行细分会直接影响财务困境实证分析结果。利用得到的模型进行解释和预测需要特别小心。至于我国财务困境研究中将被特别处理（ST）作为财务困境代理变量的做法更可能存在过于简单化的嫌疑（姜国华，王汉生，2005；吕长江，赵宇恒，2006）。深入寻找更加合理的财务困境代理变量仍是十分必要的，基于合理的财务困境代理变量的财务困境模型才能做出更加合理的解释和更准确的预测。

第六，常见财务困难术语各有特定意义。经营失败、资不抵债、违约和破产都是在描述公司困境文献中经常使用的词汇（Altman，1983）。虽然他们可以相互转换使用，但各有其清晰的含义。

经营失败发生在公司对某项投资的回报率低于类似投资平均回报率时。经营失败也发生在当公司收入不足以弥补成本，或当公司的投资回报率低于资金成本时。著名的邓白氏（Dun and Bradstreet）咨询公司（Altman，2006）描述的公司经营失败为：公司停止经营，继之以转让和破产；在执行、丧失抵押赎回权、扣押后停止对债权人造成损失，自愿停止应付未付债务；卷入诸如接收、重组、协商等法律事务；自愿与债权人妥协等。

资不抵债发生在公司不再按时清偿现有负债（Altman，1983），Altman 提出技术性资不抵债一般也会导致申明或登记破产。用法律术语来解释，资不抵债就是破产的特征。当总负债超过总资产时，公司就变得资不抵债。一旦公司进入破产，就要对清算资产进行全面的破产估值分析。破产公司与正常公司的估值也存在差异（王震，刘力，2003）①。

违约是另外一种表示公司困境的财务状态。2001 年新巴塞尔委员会提出的违约定义更加详细，他们提出的违约参考定义如下：①已经判明借款人不准备全部履行其债务义务（本金、利息和手续费）；②和借款人任何义务有关的信息损失，比如债务注销、提取了特定准备金、债务重组（利息、本金和手续费的减免与延期支付）；③债务人未能履行某些信用义务，逾期超过 90 天；④债务人已经申请破产。

破产是财务困境的最后一种状态。Altman（1993）定义破产为两个层次，第一个层次表现为公司净资产为负；第二个层次是公司正式申明破产，导致了资产清算或回收。Elam（1975）根据美国情况，定义破产为：①按照美国破产法第十一章起诉；②按照美国破产法第十章起诉；③冻结造成债权人损失的负债；④公司股东投票决定申请破产。

可以看出，直到目前，财务困境的界定各国没有统一的标准，国内也尚未达成一致意见。笔者认为至少以下几个方面的因素影响财务困境的界定：①各国特有的破产法律制度及演化进程；②不同会计法规及演化进程；③数学、计量工具的发展；④财务状态的分类；⑤数据的可得性。

第七，扭转研究可以借用财务困境预测研究中的方法和模型。财务困境预测是从“好”出发，预测公司“坏”的可能性。扭转预测则是从“坏”出发，预测公司变“好”的可能性。两者出发点刚好相反，要达到的目标也刚好相反。实际上，扭转研究的著名学者 Pearce（2007）已经采用定量方法判别分析来研

① Berger，Ofek，Swary（1996）提出了一个困境公司的估值公式。

$MVEQ_{i,0} = \beta_0 + \beta_1 EXITR_{i,-1} + \beta_2 NI_{i,-1} + \varepsilon_i$

其中，EXITR =［1.1（现金 + 有价证券）+0.72 应收账款 +0.55 存货 +0.54 固定资产］/总资产

MVEQ：企业权益的每股市场价值，NI：每股净利润，EXITR：总资产中能够变现的部分，ε：随机项。

究扭转问题，而判别分析由 Altman（1968）首先用于财务困境预测。Kane（2002）也用 Logit 模型研究了公司的脱困可能性问题。财务困境研究的许多经验有助于扭转问题的研究，特别是可选择性很强的数学模型。在大数据流行的今天，数据的丰富使得定量研究更流行，从近年扭转问题研究的文章已经看到了这一明显的潮流。

3.2 关于扭转模型变量的最新探讨

形成扭转模型时，有 5 个关键因素决定模型的表现①：第一，收集高质量的数据是形成一个好模型的前提条件，包括扭转的界定、样本规模的大小、异常值的处理、与扭转公司配比样本的选择（配比比例和选择范围）。第二，变量定义，对作为解释变量的财务比率进行定义和分析调整，以及非财务变量，如市场类变量与其他体现扭转因素的变量。第三，变量转换，即转变解释变量的统计属性，使得他们更适合选择的分类技术，以及加强统计显著性。第四，用于发展模型的好的分类算法，许多扭转研究都关注检验不同分类技术的判别能力。最后，对实证结果进行评价。许多扭转研究都关注检验不同分类技术的判别能力。

3.2.1 被解释变量

扭转变量包括被解释变量和解释变量。扭转模型最后的组成部分就是度量业绩效果，度量业绩效果有两点很关键（Winn，1993）：（1）怎样定义衰退和扭转成功；（2）怎样操作扭转效果。第一个问题要说明业绩改变的数量，以及被认为公司业绩成功扭转的持续期。一般认为，构成成功恢复，收益率至少为正或在无风险收益率以上（一般选择银行利率）。业绩改善持续多长时间被定义为成功扭转，有些认为 1 年就足够确认扭转（Morrow et al.，2007），其他学者

① Pandit（2000）研究扭转问题，5 个维度需要明确：第一，分析单元，包括公司、公司分支、战略管理单元、经理、顾问；第二，样本特征，包括样本规模、成功和未成功扭转（混合）、或仅成功扭转；第三，分析时间长度；第四，数据来源，包括采访、提问、参与观察、公共文档、数据库、轶闻；第五，方法、包括定量、定性，或二者结合。

认为至少持续3年正收益才能判定成功扭转（Barker and Duhaime，1997）。

第二个问题是怎样操作扭转效果？Robbins 和 Pearce（1993）将扭转结果分为3种，恢复，温和恢复，清算。Moulton 和 Thomas（1993）发现有些公司在扭转过程中将破产作为故意重组战略，并提出部分扭转成功的概念。Barniv，Agarwal 和 Leach（2002）采用了有序三分类 Logistic 回归模型量化公司复苏（破产解决）的概率问题，破产申请后财务状态分为收购，复苏和清算。Trahms（2013）进一步将扭转的结果分为突转恢复、溢价并购、复苏、温和复苏、折扣并购（资产折扣甩卖）、重组（根据《美国破产法》第七章申请重组）和失败。

要利用多种类型扭转结果进行建模，实际上意味被解释变量的取值为多个离散值，这是微观计量经济学中讨论的离散定性反应计量模型。Logit 模型是最简单的两分类定性反应计量模型，它的被解释变量取值为两个：0 和 1。

Trahms（2013）建议采用有序多分类 Logit 模型来对扭转问题建立计量模型。建议将扭转的成功进行有序分类：从失败（从清算到按破产法 11 章）到重组（按破产法第7章）、并购、恢复到溢价并购、突转恢复等。二分类方法对中间区域以及临界值的敏感性较强，因变量分类仅为二分类时容易出现高端组高估、低端组低估的问题。因变量细分多类之后，敏感性问题得到一定程度的缓解。同时，模型也具备了稳定性的特征，可以生成线性评分，结果也更加丰富，还可以在连续度量中降低选择偏差。

将样本进行两分类（扭转成功和失败公司）是将扭转过程过于简单化的方法，也许并不能抓住潜在的真实结构。公司困境具有一定的程度，这种程度每天、每时都在变化。公司的财务状态是不可观测的连续过程，为研究不能观测的连续过程，出于便于操作目的需要选择一些事件。财务文献都强调这样一个理念，不同事件显示了财务困境的不同程度，公司在破产实际发生前大都要经历这些事件中的许多事件（Gordon，1971）。公司财务困境的严重程度可以用财务困境的序数测度来度量，Giroux 和 Wiggins（1984）介绍了破产前的常见事件，并且关注了特殊事件，而对破产前财务比率并未过多关注。他们描述了一个经营失败过程的连续框架，这个过程包括连续亏损、停止红利支付、债务重构、贷款和利息支付违约，发现在债务重构发生前公司往往会减少红利。为阻止违约或违约发生后，债务重构都会发生。73%的债务重构涉及贷款条款谈判或现金支付展期或减少利率。他们也承认划分违约的顺序并非是一刀切的轻松任务。

Lau（1987）克服了公司失败预测模型方法的局限性，他采用五状态财务困境连续过程来大致估计财务困境的不同阶段，而非简单将财务困境状态分为破产和非破产。以严重程度排序，这些不同状态是：状态 0：财务稳定；状态 1：减少或取消红利支付；状态 2：技术违约和贷款违约；状态 3：破产法十章或破产法十一章下申请破产保护；状态 4：破产或公司资产清算。

Ward（1994）发展了四状态财务困境序数模型来检验现金流和应计比率的预测能力，其研究主要评价现金流在预测财务困境中的能力，以及用多状态序数模型预测财务困境的可行性。其财务困境模型的四状态是：（1）财务健康；（2）红利减少（取消）；（3）债务和解或贷款违约；（4）破产。以相关现金流和应计比率为预测变量，以概率分数秩和分类准确性用来度量模型的预测能力。其结果显示现金流和应计比率一起具有更好的预测不同财务阶段的能力。

随着定量分析的广泛使用，多财务状态的应用越来越普遍。被解释变量取多个离散值的情况将司空见惯。对于多分类定性响应模型的估计可以参见 Hensher，Rose 和 Greene（2007）①。

3.2.2 扭转解释变量选择理论

解释变量的选定尤为重要，许多文献从不同角度研究了解释变量的选择问题。主要包括从资产负债表、损益表、现金流量表、证券市场和宏观经济环境中或其他途径生成解释变量。因为财务报表是公司的一个快照（snapshot），财务状态很大程度上又是公司财务状况的一个快照。扭转判定公司衰退或恢复阶段都要用到对业绩的判断，业绩判断最重要的是从财务角度的业绩判断。从财务报表中生成有利于识别公司财务状态的变量，借以判定财务状态的改变（由坏持续变好就意味扭转成功，否则就不算完全成功）。

虽然已经有几篇文章比较好地总结了以前的研究工作（Robbins and Pearce，1993；Pandit，2000；Tramhs，2013；Schweizer and Neinhaus，2017）。但是这些回顾性的文章没有对解释变量选择问题进行系统总结，以使研究者可以方便地选择解释变量来建立扭转模型。

Collett，Pandit 和 Saarikko（2014）提出的 Logit 模型中发现资产负债比率、现金流和公司规模显著影响扭转效果。Pearce（2007）在其论文中发现债务管理

① Hensher，D. A.，Rose，J. M. and Greene，W. H.. Applied Choice Analysis，Cambridge University Press，2007.

因子，现金流因子和经营效率因子有效区分了扭转的三个阶段，即衰退阶段、再定位阶段和重建阶段。他进一步建议财务数据是审视公司战略动机的重要视角。随着信息技术的发展，利用财务比率，可以预估公司战略的效果（Pearce，2007）。财务数据可以多维描述公司经营现状，并可一定程度预测公司战略行动的效果。但选择哪些财务比率作为解释变量却没有现成的、被广泛认可的程序。

理想情况下，研究者应该基于经济理论选择预建立模型的解释变量与被解释变量，理论要揭示选择变量和扭转状态之间的因果关系。不幸的是，理论的缺乏已经影响了科学方法的全面应用（Jones，1987）。Ball 和 Foster（1982）指出："财务困境预测缺乏经济理论。体现在许多方面，如很少有研究注意到财务困境意味着什么。实证研究将破产作为困境公司的操作标准。在多变量模型中，独立变量的选择又是另一问题，缺乏经济理论的支持是明显的"。鉴于扭转问题的复杂性，涉及管理学、会计学、金融学、经济学、社会学、数学等多方面的知识，建立的计量模型，全面梳理可能影响公司扭转效果的解释变量，特别是基于财务的变量很有必要。因为扭转问题实际上涉及财务状态识别的变化，借鉴已经成熟的预测困境公司财务状态的经验有助于扭转问题的研究。

Beaver（1966）在先驱性研究中，提出了一个现金流模型来研究破产，将公司看作为流动资产的"蓄水池"，流入就是补充，流出就是消耗。Beaver 认为，引入现金流模型的目的，不是让模型发展最优的比率集，而是用模型作为一个工具解释检验的比率。"蓄水池"可以作为流入和流出的缓冲。资不抵债可以被看作为"蓄水池"被耗尽，在该点，当债务到期时，公司不能支付其债务（即失败）。在导出流动资产流模型和比率之间的关系时，有四个概念需要注意。其一就是"蓄水池"的规模；其二就是经营中的净流动资产流量，用它可以衡量当期经营补充到"蓄水池"流动资产净额的大小；其三就是公司承担的债务，用它可以衡量"蓄水池"潜在消耗的大小；其四就是经营所需资金支出，即经营支出消耗"蓄水池"中流动资产的金额。在此基础上，他提出四个假定：（1）"蓄水池"越大，公司失败概率越小；（2）经营中净流动资产越大，公司失败概率越小；（3）持有债务数量越大，公司失败概率越高；（4）经营资金支出越大，公司失败概率越高。在此假定下，形成预测的六个财务比率，即现金流/总资产、净利润/总资产、总负债/总资产、流动资金/总资产、流动比率和非信用间隔［（速动资产－流动负债）/经营成本］。

类似地，Gentry，Newbold 和 Whitfold（1987）也使用了一个现金流模型。

现金流的水平和速度反映了管理层的经营、投资和融资决策，产生现金流的组成成分反映了管理层的资源配置决策。这些成分的变化趋势为判别财务成功公司和财务失败公司提供了判别度量。现金流入和流出的差额就是现金流的改变量。8 个现金流成分可归结为流入（3 个成分，用正数表示）和流出（5 个成分，用负数表示）2 类，8 个现金流成分之和为 0。他们用 8 个现金流成分作为预测变量，采用 Logit 分析建立的模型，基于失败前一年的数据，正确分类了验证样本中财务失败公司的 70%，正确分类了验证样本中财务非失败公司的 74%。但不能因为这个模型的成功就过分夸大其实际作用。因为仅只有一个变量，即股利/总现金流，在 5% 水平上显著。其实该模型的预测没有很多信息价值。因为陡然的红利下降或取消红利也会导致许多分析师预期到财务困境。

Scott（1981）的破产理论模型建立的出发点是当一个企业的净资产价值不足以偿付企业所欠债务时，企业就濒临破产，即 $R \geq EBIT + S$（R 代表需偿付的债务和利息，EBIT 代表当年的息税前利润，S 代表公司未来股利的现值）。通过这个基本关系式的推导，得到以一系列常用财务比率表达的关系式，而这些财务比率恰恰是 Altman（2000）提出的 ZETA™模型中所使用的变量，所以 Scott 的破产理论模型很好地解释了 ZETA™模型中所应用的判别变量，但是这个理论模型是在 ZETA™模型出台以后对它的验证，而 ZETA™模型也并非是目前所用的唯一经验模型。因此，这个理论模型的实际指导作用还有待考证。

Laitinen 和 Laitinen（1998）研究了 Baumoln Tobin（1956）的简单现金存量管理模型（simple inventory cash management model）对财务困境预测的应用价值。他们的研究假设是：如果公司的现金管理行为符合现金存量模型，那么处于财务困境的公司与财务状况良好的公司在现金管理行为上会有较明显的差异，而这种差异就可以用来进行财务困境识别。他们在研究中运用了动态的现金流量指标评价体系，研究结果表明基于这种假设的预测模型显著提高了破产前一年的预测精度。

资产负债表分解方法/熵理论（Balance Sheet Decomposition Measure，BSDM / Entropy theory）（Moyer，1977）通过引入信息学中的熵度量为识别财务困境提供了一种新视角。可以通过仔细识别发生在资产负债表中的变化来识别公司财务困境。像任何企业一样，公司往往维持一种平衡以确保维持现存的公司结构。如果资产负债表表明了一定时期内资产负债成分发生显著改变，公司很可能就不能维持这种平衡状态。因为这些改变很可能在未来变得不可控，通过观察这些剧变就可以预见这些公司的财务困境。

因为财务困境与信用风险的高度相关性，借款公司的失败意味着高信用风险，因此信用风险理论可以作为财务困境理论（Aziz and Dar，2006）的参考。对银行而言，借款公司失败的高概率也就意味着高信用风险。近年提出的《新巴塞尔资本协议》的框架由 3 个支柱组成：最低资本要求、机构的内部评价过程和资本充足率的监管审理、市场自律。与 1988 年巴塞尔资本协议相比，新资本协议的修正主要表现在 3 个方面：一是建立了更加科学合理的监管框架；二是将风险的定义从 1988 年的仅针对信用风险扩大为信用风险、市场风险和操作风险；三是提出了计算信用风险的内部评级法（即 IRB 法）。

但协议也明确承认，对许多银行来说，信用风险更加重要。信用风险指借款方违约的风险，即不能按期偿付所欠银行贷款的可能性。根据《新巴塞尔资本协议》的指引，近些年，大量努力已付诸实施，开发了一些有效内部评价模型来度量信用风险。包括 JP Morgan's Credit Metrics，Moody's KMV model 和 McKinsey's Credit Portfolio View 等。这些模型某种程度上都基于微观和宏观理论，这些理论也可作为财务困境预测变量选择理论的参考。

最著名的微观经济理论之一就是 Black 和 Scholes（1973）提出的期权定价公式。Black 和 Scholes 认为他们的方法可以用来发展公司负债的定价理论。其基本思想为，公司违约过程与资本结构内生相关，如果公司的价值低于一定的临界水平，则公司将对债务违约，而该临界水平由相应信用风险模型确定。该公式也是 JP Morgan's Credit Metrics，Moodys KMV model 的基础。马若薇（2008）验证了现代资本市场理论中的期权定价模型在研究企业财务困境预警上有较好的解释力。由于有 SPSS、MATLAB 等统计软件的辅助计算，使得这种预测变得相对简单可行，可以在实践中运用。

宏观经济理论应用于信用风险的一个例子就是 Wilson（1998）提出的信用组合风险。该理论认为信用周期紧紧伴随商业周期，即恶化的经济引起公司评级下降和违约上升。公司违约的概率是失业率、利率、经济增长率、政府支出、汇率和总储蓄等的函数。该理论是 McKinsey's Credit Portfolio View 模型的基础。

3.2.3 利用普遍使用的财务比率

Routledge 和 Gadenne（2004）用判别分析的方法判别了扭转成功公司和扭

转失败公司，提出高分类准确性可以通过结合不同财务比率涉及趋势和方向性改变的时候。另外，也可以在模型中包括一些非财务比率，如管理者行为和债权人行为（Liou and Smith，2007）。Pearce（2007）也赞成财务比率在扭转研究中的重要作用，并提议将财务比率与扭转策略结合，这些策略包括重新设计组织结构、改进控制系统、修改人力资源计划。

因为缺乏理论支持，研究者在选择变量时不得不寻找其他指导方法。许多研究者选择财务比率作为预测变量是基于一般的经验，即这些变量的普遍性和在其他研究中的成功预测。虽然该方法在理论发展方面并不怎么成功（就识别因果关系而言），但在用这些变量判别破产和非破产公司方面却取得了相当的成功。如用现金流/总负债比率，加上合适的分割点，Beaver（1966）成功对验证集公司进行了分类，失败前 1 年的分类准确率为 87%，失败前 5 年的分类准确率为 78%。用净收入/总资产比率，也取得了类似的结果。

Altman，Haldeman 和 Narayanan（1977）采用判别分析技术，用净资产收益率、利润稳定性、利息保障倍数、留存盈余/总资产、流动比率和普通股权益/总资本作为独立变量，对验证集样本而言，破产前 1 年，模型对破产公司的判别准确率为 93%，对非破产公司的判别准确率为 90%。破产前 5 年，模型对破产公司的判别准确率为 70%，对非破产公司的判别准确率为 82%。

Hamer（1983）检验了分类的成功是否对变量选择表现出敏感性，其研究使用了 44 个破产公司和非破产公司组成的样本。他估计了 4 个变量集，分别为 Altman（1968）、Deakin（1972）、Blum（1974）和 Ohlson（1980）研究中所使用的变量集。每个集都包含了盈利性、流动性、杠杆率比率。并对 4 个变量集的分类准确率使用卡方检验进行了比较。同时，他考察了破产前 5 年的分类准确率，结果表明不管使用的是 Logit 分析还是线性判别技术，对五年中的每一年，总体分类准确率都没有显著的差异。

在选择变量时，一个主要的限制是数据的可得性。在一个模型中太多的变量会造成共线性问题，如果模型中考虑了大量的特征会造成收集数据困难。选择变量太少又可能遗漏有用的变量。变量选择应基于两个原则，即最小化数据收集成本和最大化模型的可用性。最常用的财务比率是 WC/TA（流动资金比率）、TD/TA（总负债比率）（在美国常用，英国很少用）、CA/CL（流动资产/流动负债）、EBIT/TA（息税前利润/总资产）、NI/TA（净利润/总资产）（美国常用，英国很少用）以及 CF/S（现金流/销售额）（在芬兰常用）（Dimitras，

Zanakis，Zopounidis，1996）。

Winn（1993）将成功扭转公司的状态进一步细分为：可偿债（solvency）[①]、盈利能力恢复（profitability recovery）、突出业绩（superior performace）、市场增长（market growth）和效率（efficiency）。

衰退公司的状态分为五个状态：

（1）不充分资产生产能力（inadequate asset productivity）[②] 状态，资产生产能力（效率）开始下降，但销售和盈利能力还未受影响。

（2）下降市场份额（decline market share）状态，销售和市场份额开始直线下降，但盈利还未受实质影响；

（3）标准以下业绩（substandard performance）状态，盈利很低，或落后整体经济，但还未亏钱；

（4）下降盈利能力（decline profitability）状态，公司亏钱，但还不会在 1—2 年内失败，因为公司高质量资产，表现为现金流下降，边际利润下降，债务率上升；

（5）迫近的破产（imminent bankruptcy）状态，也称破产前状态，在不久的将来（1—2 年内）面临破产。

度量财务状态是扭转问题研究中的重要环节。对公司衰退严重程度的识别和对扭转成功程度的识别实际上都是要度量财务状态。度量衰退和成功并没有一个统一的标准，Sudarsanam 和 Lai（2001）、Smith 和 Graves（2005）用 Altman（1968）Z 分数；有的则用了财务比率，如 Wan 和 Yiu（2009）使用 ROA（资产回报率）、ROE（权益回报率）；Greve（2011）使用 ROA；Barker 和 Duhaime（1997）使用了 ROI（投资回报率）、Altman Z 分数。由于财务比率容易被操纵，如 ROA，可以通过减少资产（即资产紧缩）达到使该值增加，而不用实际增加业绩。Morrow et al.（2007）采用了资本市场为基础的度量。

Pearce（2007）对财务比率在扭转过程不同阶段的作用进行了研究（见图 3－1），经营效率因子由固定资产权益比率、权益周转率、存货销售天数组成。债务管理因子由再投资率、留存盈余、负债权益比率组成，反映公司利用债务的效率。现金流因子由现金周转率和资金充足率组成。研究发现，在衰退

① Wilcox（1971）认为，决定偿债能力最基础的变量是公司的净清算价值，等于资产的清算价值（现金与等价物加上流动资产和长期资产的一定比例折算）减去总负债。

② 不充分资产生产能力即效率开始下降。

阶段，经营效率因子表现最好，现金流因子也有效；在再定位阶段，债务管理因子表现最好，现金流因子有效；在重建阶段，经营效率因子逐渐变得最有效，现金流因子作用次之。所以财务比率为更好地理解扭转过程提供了基础，实证研究中财务比率可以有效识别扭转成功公司和非扭转成功公司，但不同阶段可以有效识别出这两类公司的财务比率有差异。

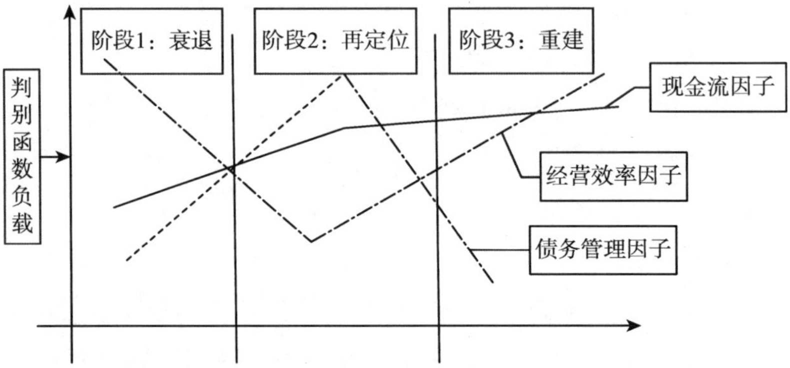

图 3 -1　跨越扭转阶段的因子主要变化（Pearce，2007）

3.2.4　使用现金流量数据

Pandit（2000）提出，以应计制为基础的会计数据很容易被会计操纵，因此，在用会计比率研究扭转问题时需特别注意。不易被操纵的现金流量数据可以弥补会计数据的这一缺陷。Gentry，Newbold 和 Whitfold（1985）发现，很多研究（Altman，1968；Deakin，1972；Blum，1974；Ohlson，1980）在预测破产中使用现金流/总负债（CA/TL）这个变量，认为该变量（比率）在对失败和非失败公司的分类中很有用。然而，这些研究都定义现金流为净利润 + 折旧（或摊销）。也有研究将现金流定义为调整了应收应付的净利润。在某种程度上，这些研究不仅提高了预测精度，而且符合一般常识，即现金流在衡量流动性方面特别有用。

Casey 和 Bartczak（1985）使用单变量分析考察了经营性现金流（CFO）和相关现金流比率的预测能力，发现基于判别分析法的多现金流比率比单个现金流比率在预测破产方面更加准确。他们计算现金流的方法为：

现金流 = 经营中的流动资本 + 非现金流动资本的改变量 - 短期负债

他们发现，所有现金流变量在识别破产公司时效果都很好（例如，用 CFO

可以正确判别破产公司的 90%），但在判别非破产公司方面效果不是很好。而且，在考察总体准确率时（破产和非破产公司总体），Casey 和 Bartczak（1985）发现多变量应计比率模型更好。他们假设现金流变量在判别非破产公司方面没有作用，因为有些成长中的成功公司，也许要抓住市场机会，不太关注流动性，现金流也较差。因此，他们断定使用现金流数据预测公司财务状况值得质疑。

Casey 和 Bartczak（1985）也考察了现金流是否可以为多变量应计模型提供增量价值（incremental value）。他们发现，增加现金流变量到包括六个应计比率的多变量模型中，并未提高破产公司、非破产公司或两类公司的总分类准确率。他们将现金流贡献小归因于破产组中现金流变异程度高。Gentry，Newbold 和 Whitfold（1985）也强调了失败公司现金流的高变异性。Casey 和 Bartczak（1985）建议未来可以将现金流的变异性作为预测变量。

Viscione（1985）进行了一个基于 24 个破产公司 5 年期的趋势分析。他发现 CFFO（cash flow from operation）在识别失败方面并不显著。他认为将 CFFO 作为一个解释变量可能起误导作用，因为管理层可能对该现金流进行操纵。在进一步调查后，他发现所挑选的具有正现金流的 50% 的公司都大幅减少存货和应收账款，而应付账款很高，故他警告慎用 CFFO。

Dambolena 和 Shulman（1988）提出了一个 CFFO 的变种，即净流动余额（net liquid balance，NLB），其计算方法为披露在现金流量表中的 CFFO + 长期融资流 - 现金投资增加额。Dambolena 和 Shulman（1988）发现将 NLB 加到 Altman（1968）的 Z 模型中和加到 Gentry 等（1985）模型中，显著提高了两个模型的预测能力。在每种情况下 NLB 都是一个显著的变量，显示在两个模型中，它具有不同其他变量的另一个维度。失败前 1 年，单个 NLB 变量只误判了 50 家失败公司中的一家，但有 8 个非失败公司被判定为失败公司。

Laitinen（1994）比较了传统现金流（净利润 + 折旧和摊销，NOF）与 CFFO（调整了应收、应付的净利润）的预测能力，使用了 40 家失败和 40 家配比的非失败中小公司，他通过判别分析和 Logit 分析显示，与 CFFO 比较，传统现金流变量是更稳定和更可靠的预测变量。

Ward（1994）调查了为什么传统现金流变量是一个更有效的困境预测变量。通过添加传统现金流变量到一个模型中，该模型变量集由 6 个应计比率和 CFFO 组成，他观察到经营现金流的显著性并没有受到影响，他也发现净利润/总资产变量变得不显著。Ward（1994）认为传统现金流变量是财务困境显著的预测变量，经济利润比会计利润更加合理反映了公司的经营情况，因为传统现金流比NITA（净利润/总资产）更好度量了经济利润。

Jantadej（2006）将三种现金流（经营现金流、投资现金流和融资现金流）组合得到八个现金流组合，将其作为预测变量，他发现不同种类现金流的组合信息可以提供识别公司财务状态的增量信息。相对于健康公司，困境公司通常具有现金流组合为：（1）负净经营现金流、正净投资现金流、负净融资现金流；（2）负净经营现金流、负净投资现金流、负净融资现金流。而困境公司不可能出现下列现金流组合：（1）正净经营现金流、负净投资现金流、正净融资现金流；（2）正净经营现金流、负净投资现金流、负净融资现金流。

总体来说，迄今为止还不能完全证明现金流数据的信息价值，现金流变异性的研究可能会得出完全不同的结果。

3.2.5 其他解释变量

现阶段来自管理研究方面的学者都倾向量化扭转结果。Acharya 和 Subramanian（2009）用专利和研发支出显示扭转成功；Love 和 Kraatz（2009）使用声誉的变化作为扭转战略有效性的度量；Benmelech 和 Bergman（2011）用信用利差（credit spread）作为成功扭转指标。

Rose 和 Rews 和 Giroux（1982）提出在多变量模型中增加宏观经济变量可以提高解释能力。在试图寻找哪个宏观经济变量与破产最相关时，他们考察了美国商务部和经济研究局提出的宏观经济指标，以及经济理论中提出的一些变量。他们采用1970—1980年的季度数据，得到了这些独立变量的回归结果。他们定义因变量为每季度的企业失败率。当然，在横截面样本中，加入一些国家层面的指标对识别失败公司和非失败公司没有作用，因为所有公司都在同样条件下经营。如果公司之间存在区域和行业差异，加入区域指标或行业指标也许有作用。从跨国层面来讲，宏观指标在预测中也许有用。

Dambolena 和 Khoury（1980）强调财务比率变化也许和财务比率本身一样重要。他们提出了用来预测破产的两个版本的判别函数，一个版本就是用逐步法，从19个财务比率中选择最好的判别变量；另一个版本就是允许模型从19个比率以及每个比率的标准误（使用了四年数据）中选择变量。他们发现，在大部分试验中，包括标准误模型的预测精度要好于仅包含财务比率模型的预测精度。

在破产预测模型中，增加证券市场的数据也许对预测有用。Altman，Haldeman 和 Narayanan（1977）在他们的研究中加入了证券市场的信息（如权益的市场价值）到预测模型中。在贷款误分的研究中，Marais，Patell 和 Wolfson（1984）发现在 20 个财务报表变量的基础上，加入 6 个非会计变量（包括债券等级，商业票据等级，普通股回报的标准误）可以成功降低贷款的误分率。但在金融市场上，信息的可用性还有待加强。大量研究结果表明，发达证券市场的有效性已经逐步改善。逐渐有效的市场可以为财务困境预测提供越来越多的增量信息。他们鼓励分析师在预测财务困境时，多考虑资本市场信息。因为资本市场识别了财务报表数据和困境之间的非线性和乘积关系，可以挖掘出没有显性反映在财务报表中的信息。

宏观环境对财务困境预测变量选择可能有影响，Kane，Rechardson 和 Graybeal（1998）发现，添加反映衰退的变量到失败预测模型中后，模型预测和解释能力显著增强。衰退期变量的显著性依赖于数据是否反映了经济衰退，以及衰退期间的失败是否被预期到。如果衰退期被预期，净利润/总资产和现金流/总资产就是失败的显著预测变量。如果数据反映了衰退期的经营，流动资产/总资产、流动比率和杠杆率就是失败概率的显著预测变量。非衰退期显著的预测变量是净利润/总资产、现金流/总资产、流动资产/总资产、流动比率和杠杆率。

Hall（2002）以 Altman（1993）的四变量模型和 Altman（1983）的五变量模型为基础，加入宏观变量和公司特有的微观变量后，破产零售公司的 Z 分数与原来相比具有显著差异，非破产公司也是如此。结果也显示，就宏观而言，1990—1991 年衰退时期和非衰退时期（此期间外），困境公司的 Z 分数没有显著差异。就微观而言，加入代表公司特征的资产增长率和资产规模后，得到的结果比较复杂。加入公司资产增长率到 Altman（1993）四变量模型中以后，Z″分数具有显著差异。加入公司资产的增长率到 Altman（1983）五变量模型中以后，Z″分数没有显著差异。说明在四变量基础上增加资产增长率后，模型判别效果显著差异。加入公司规模到 Altman（1993）四变量模型中以后，Z″分数改善不显著，说明公司规模和 Z″分数没有显著相关性。

3.2.6　调整财务比率：价格水平调整和变换

有一些研究者考察了经过物价总水平和特殊价格水平调整的历史数据在破

产预测中的价值。Norton 和 Smith（1979）调查了经过物价总水平调整财务数据（GPL）是否比历史成本数据更有预测能力。尽管历史成本财务报表数据和经过物价总水平调整的财务报表数据有实质差异，但研究发现对于破产预测，基于物价总水平调整财务数据没有比历史成本数据更精确。Mensah（1983）提出了基于特殊价格水平（SPL）的财务比率，该比率用出版的特殊价格水平指数调整财务数据，并提出了3个模型，即历史成本（HC）模型、SPL模型和融合了两种比率的模型。采用判别分析建立模型后，他发现任何单个模型的分类成功情况没有显著差异。但是，考虑误分成本后，SPL模型要好于HC模型和融合了两种比率的模型。当运用Logit分析并考虑误分成本后，结合了SPL和HC数据的模型都更优。Mensah（1983）认为SPL信息确实有用。然而，他警告说，他的样本规模很小（标志分类成功的验证集仅包含了11个样本），价格水平数据的计算成本也未考虑。

Platt，Platt和Pedersen（1994）以石油和天然气行业公司为样本，采用失败前1年数据，将名义数值经过平减因子（deflator）处理后，用得到的实际值来建立判别失败模型。结果显示，去除通胀因素的实际会计数据有助于预测公司财务状态。

3.2.7 精简变量集

Pearce（2007）用24个财务比率来分析扭转问题，为避免建立回归模型中的多重共线性的问题，他采用了主成分分析法PCA（principal component analysis）精减变量。破产理论的缺乏要求研究者要考虑很多变量。研究者也许担心，怕遗漏了任何有用的比率。但是，太多的比率又限制了模型适用性。一个模型建立在知道破产发生率的估计样本的基础上。同样的模型用来对验证样本或预测样本进行识别，预测可能的破产。Zavgren（1983）指出，一个隐含假设是估计样本中比率和依赖变量之间的关系与预测集中比率和依赖变量之间的关系相同。一个模型用了太多比率后就会过度拟合，即对估计样本集分类很成功，运用于估计样本集外分类就未必有效。而且，包含很多变量的模型可能具有实质的多重共线性。预测变量的这种相互关联不仅存在于估计样本集中，也存在于预测样本集中。

有许多方法精简变量集，最普遍使用的是逐步法。逐步法可以用于判别分析模型和 Logit 模型。按照某种标准衡量变量的贡献，根据变量的贡献来选择变量（如在判别分析法中，根据逐步过程首先选择对分离失败公司和非失败公司贡献最多的变量）。

精简变量集的另一种可行方法是因子分析法，将整个变量集进行分组，从每个因素中选择一到两个变量来决定因子的表示含义。这些选择的比率就可以用于统计方法如判别分析中。Chen 和 Shimerda（1981）考察了 5 个研究，研究者使用了因子分析法，并且获得的因子和另一个由 Pinches 和 Mingo（1973）开展的研究中获得的因子相似，即投资回报率、资本周转率、财务杠杆、短期流动性、现金头寸、存货周转率、应收账款周转率。他们强调在很多情况下，当进一步分析时，研究者应该从每个因子中选择一个比率。但重要的问题是，每个因子中选择哪个比率作为代表必须要解决。Chen 和 Shimerda（1981）指出，选择比率最常见的方法是选择具有最高因子负载绝对值的比率，并且该变量在文献中引用最广。

大量研究都得到相同的因子以及因子在很多年都显示出稳定性这个事实使人得到这样一个印象，即这些因子有重要的财务维度，可以用于解释因子与财务困境之间的因果关系。Zavgren（1983）利用了 Pinches 和 Mingo（1973）的七个因子，从每个因子中选择具有最高负载的变量，得到了一个 Logit 模型。她提供了一个可以视为独立财务维度的变量集，先验地预期高财务杠杆导致高破产的可能性。长期来说，资产周转率变量是财务困境的一个有用预测元。这是因为资产周转率度量了资源使用的效率。另外，酸性测试比率预测短期偿债能力很重要，因为流动资产储备不足可能会加剧破产。她建立了破产前 5 年的模型，破产前的第 4 年和第 5 年，资产周转率很显著（因此对长期预测有用）。酸性测试比率只在破产前最后 3 年显著（因此短期有用）。

3.2.8　变量的数学变换

改变预测变量的统计属性可以使其满足所选择的分类算法的需要。Kane 和 Rechardson（1998）认为会计数据并不满足许多统计方法的假定。减少或减弱分类算法的假定推动了寻找统计数据变换方法。有 3 种方法常用来处理非线性和加强预测变量的统计属性：正态分布变换、剔除异常值和秩变换。

数学变换有多种，Deakin（1976）利用平方根变换和对数变换完成了有些

案例的近似正态变换。Watson（1990）在 BOX – COX 变化基础上提出了修改的幂变换

$$x(\lambda) = \ln(x), \lambda = 0, x > 0 \tag{3-1}$$

$$x(\lambda) = \frac{x^{\lambda} - 1}{\lambda}, \lambda \neq 0, x > 0 \tag{3-2}$$

这里，x 代表财务比率值。根据变换因子 λ 取值，可以具有多种函数形式。在很多情况下，这种变换可以产生对称的、近似正态的分布。

Frecka 和 Hopwood（1983）提出异常值可能对有些统计模型的参数估计产生严重影响，而该问题不能通过数学变换来解决。因此，通过窗口修剪来剔除异常值，还有其他一些修剪方法可以使分布有效靠近正态分布，这样处理的数据就可以在一些统计方法中使用。他们考察了大样本制造类公司 1950—1979 年的 11 个财务比率。统计检验表明，这 11 个比率偏离正态性。然而，对变量进行平方根变换并且消除了相对少量的异常值后，他们得到大多数比率的分布并不显著异于正态性，余下的没有公布的都偏离了正态性。当然，要小心不要删除有意义的比率值。而且，因为破产研究的小样本特性，在删除任何观察值时都要小心。

秩转化具有同分布（uniformly distribution）、零偏度和改善的峰度。标度秩（scaled rank）位于 0—1 之间。秩转化的这些特性减轻了异常值的可能影响。以现代会计为基础的失败预测模型，通常用 logistic 回归方法建立，logistic 回归并不要求预测变量具有某种假设分布。而且，logistic 函数为双曲线，在两端是渐近的，这样的函数可以减轻异常值对估计过程的影响。然而，极端异常值也会对 logistic 函数产生一些影响。秩变换将样本中不同的会计比率转化为样本中的相对秩。秩变换首先由 Iman 和 Conover（1979）提出。秩转化已经被成功运用到行业和竞争力分析，模仿和评估公司战略风险，预测公司债券评级。秩变换被 Kane 和 Rechardson（1998）引入解决财务比率预测失败问题。他们发现秩变换是处理异常值和非正态性的有效方法。该方法消除了数据点的绝对距离，公司的相对秩往往随时间而保持不变。用秩值的统计模型在遇到周期性影响如衰退时更稳健。

3.3　扭转计量模型

3.3.1　线性判别分析

著名扭转问题专家 Pearce（2007）采用多变量判别分析建立了计量模型，而这位学者以前研究扭转问题基本上都采用定性方法，所以定量模型今后将在扭转分析中普遍应用。Routledge 和 Gadenne（2004）利用判别分析对扭转成功公司和非成功公司进行了分类，为未来研究提供了乐观的前景。Liou 和 Smith (2007)① 认为，在模型中可以采用结合不同财务比率达到很高的分类精度。特别涉及趋势和方向性变化时。模型中加入一些非财务比率，如管理层行为和债权人行为，对评估外部因素也许是必要的。

线性判别分析可以视为一个多变量技术，研究者为样本中的每个公司给出一个分数，该分数是独立变量的线性组合的形式。基于样本结果，找出一个分割点，分数在分割点以下的公司会走向破产，在分割点以上的公司则预期保持健康。给每个独立变量一个权重，这样就使组间分数的方差相对于组内分数的方差最大化。由于将多财务维数压缩成了一个分数，多变量方法很有吸引力。

1968 年，Altman 发表的那篇开拓性论文《财务比率、判别分析和破产预测》使得多元判别分析法（Multivariate Discriminant Analysis，MDA）在财务风险判别研究领域得到广泛应用，该方法至今仍具有举足轻重的影响。他随机抽取了 1946—1965 年间 33 家根据美国《破产法》申请破产的制造企业，和 33 家与这些企业规模相类似的非破产制造企业。根据先前研究结果的普遍性和预测性，AItman 计算了破产前 1 年的 22 个变量作为判别函数的预测变量，最终选定组合比率（变量）以及所估计的判别函数为：

$$Z = 0.12X_1 + 0.14X_2 + 0.33X_3 + 0.06X_4 + 1.0X_5 \qquad (3-3)$$

其中：X_1 =(流动资产 - 流动负债)/资产总额；

① Liou, D., and M. Smith. Financial Distress andCorporateTurnaround: A Review of the Literature and Agenda for Research Accounting, Accountability and Performance, 2007, 13: 74 - 114.

X_2 = 留存收益/资产总额；

X_3 = 息税前利润/资产总额；

X_4 = 权益资本的市场价值/负债的账面价值；

X_5 = 销售收入/资产总额。

判别规则是将企业关键比率指标的财务数据代入上述函数式计算，若 Z 值小于 1.8，表明企业破产的可能性很大；若 Z 值在 1.8 与 2.675 之间，企业财务状况不明朗；若 Z 值大于 2.675，表明企业破产的可能性很小。Z 分数模型适合制造类公司，形式上类似 Z 分数模型，ZETA 模型则适合工业类公司（Altman, Haldeman and Narayanan, 1977）。

在 Altman 的估计样本中，失败前 1 年，判别式能够正确地判别出 33 家破产企业中的 31 家（破产企业误判率为 6%），以及 33 家非破产企业中 32 家（非破产企业误判率为 3%）。为了验证这个公式，Altman 将一个由 25 家破产企业和 56 家非破产企业作为检验样本，用来验证原先从 33 对企业估计得出的模型（上述公式）。结果，该模型能够正确地判别出 25 家破产企业中的 24 家（破产企业误判率为 4%），以及 56 家非破产企业中的 52 家（非破产企业误判率为 7%）。Altman 模型在公司失败前 1 年、前 2 年的预测能力是比较强的，但在失败前第五年的预测准确率只有 36%。

以后，Altman 陆续开发了为私有公司的 Z' 分数模型的修订模型，与 Z 分数模型不同之处在于变量 X_4：

$$Z' = 0.12X_1 + 0.14X_2 + 0.33X_3 + 0.06X_4 + 1.0X_5 \quad (3-4)$$

其中：X_1 =（流动资产 − 流动负债）/资产总额

X_2 = 留存收益/资产总额

X_3 = 息税前利润/资产总额

X_4 = 权益资本的账面价值/负债的账面价值

X_5 = 销售收入/资产总额

$Z' > 2.9$，安全区；$1.23 < Z' < 2.9$，灰色区域；$Z' < 1.23$，困境区域。

Altman 为新兴市场开发的 Z'' 模型（Altman，1993）

$$Z'' = 6.56X_1 + 3.26X_2 + 6.72X_3 + 1.05X_4 + 3.25 \quad (3-5)$$

其中：X_1 =（流动资产 − 流动负债）/资产总额

X_2 = 留存收益/资产总额

X_3 = 息税前利润/资产总额

X_4 = 权益资本的市场价值/负债的账面价值

当 $Z'' < 0$，表公司陷入困境状态。

Altman 结合多个比率传递的信息创建了一个简单的判断企业清偿能力的方法，由于信息协同效应，能很好地区分失败与非失败公司。Altman 多变量模型需要估算 5 个财务比率，通过计算，这些比率用以区分三个区域：正常、灰色、破产的 Z 分数。

多元线性判别法的优点是：（1）能够包容反映企业财务情况的多个指标，因而在财务风险预测中运用广泛；（2）能够包含独立变量；（3）一旦完成建立模型之后，运用相对容易。不过，该方法也存在一些明显的局限，例如该方法的前提——组内分布为近似正态分布并且两组的协方差矩阵相等在现实中较难满足，财务风险组和控制组之间配对标准不易确定，而变量的相对重要性也难以得到合理解释。

尽管用线性判别分析预测财务困境取得了一定的成功，但围绕该研究的争论从未停止，主要从以下 4 个方面展开：

（1）线性判别分析的假定。满足对于 MDA 模型假定是模型判别效果的一个重要前提。Altman，Haldeman 和 Narayanan（1977）发现，在他们的研究中，两组的协方差矩阵不显著相等。Hamer（1983）考查了 4 个不同的变量集［Beaver（1966）、Altman（1968）、Blum（1974）和 Ohlson（1980）］，包括了 44 个破产公司和 44 个非破产公司，他发现每个变量集的协方差矩阵都显著不同。

协方差矩阵不等的问题可以通过运用二次判别分析得到修补，该方法并不要求协方差矩阵相等。Altman，Haldeman 和 Narayanan（1977）运用线性判别分析而不是二次判别分析，也取得了很好的分类成功率。因为在他们的分析中，二次判别分析比线性判别分析需要估计更多的参数（35 VS. 7）。他们断定二次判别分析对估计样本更敏感，因此对验证样本分类效果并不好。相似地，Hamer（1983）也发现，线性判别分析的分类成功率至少和二次判别分析的分类成功率一样好。

（2）用判别分析获得破产可能性。Altman（1983）从判别分析中得到的 Z 分数评级非常接近标普的债券评级。但是，Ohlson（1980）认为如果违背独立变量是多元正态分布和两组协方差矩阵相等的假设时，获得的概率并不可靠。并不要求同样严格假设的 Logit 分析，也可以给每个观察值提供破产概率。Hamer

(1983) 比较了用判别分析得到的概率和用 Logit 分析得到的概率，认为用判别分析得到的概率是不可靠的。她比较了以前研究者进行破产预测使用的四个数据集，对破产前 5 年的每一年，两种方法都使用相同的数据（因此有 20 个 DA 模型和 20 个 Logit），根据模型算出每个公司的破产概率，对 20 个模型逐个计算了 DA 评级和 Logit 评级，她发现 Spearman 秩相关系数的最小值为 0.82，最大值为 0.99，因此她断定两种方法在概率估计上具有可比性。

（3）用判别分析评估独立变量。Zavgren（1983）指出，在一个破产预测模型中了解变量的相对重要性可能暗示着经济关系，这样就会引导破产理论的发展。Frydman，Altman 和 Kao（1985）推荐了六个不同的检验比较变量的重要性。很多检验都是基于变量对判别组间的贡献，如与 F 检验相联系的 Wilk's Lambda 检验。但是 F 检验依赖于多变量正态性和协方差矩阵相等的假设。在破产研究中，这些假设经常不满足，检验也就不可靠。自然，像其他的多变量技术一样，如果有实质的多重共线性无论显著性如何，任何关于相对重要性的评论基础都不牢固（Jones，1987）。

（4）加入先验概率。假设破产和不破产有相等概率，线性判别方法建立的分割点在两组均值判别分数的中间点。这仅仅适合于组隶属概率相等的情况，看起来与破产组和非破产组观察值相等的研究一致。然而，在破产研究应用中，研究者可能希望隶属于破产组的先验概率比隶属于非破产组的先验概率低，在不相等的先验概率情况下，就要根据 X 调整分割分数以达到最优分割点，其中 $X=\ln(p_1/p_2)$，p_1 和 p_2 代表两组的先验概率。假设 p_1 代表破产组的概率，p_1 小于 p_2。调整将使分割分数远离两组均值中间点，而靠近破产组 1 的均值。这就使观察值被分类为组 1 更困难，要求观察值的判别分数更靠近组 1 的均值，以符合被分类的那个组。根据同样的道理，划分为组 2 就变得更可能。倾向于组 2 的结果就导致本来是组 1 的成员被划为组 2，误分组 2 成员为组 1 的可能性就更少。因为有更多的组 2 成员，通过调整，总体分类成功性就提高了。对两组分类调整的影响在 Altman，Haldeman 和 Narayanan（1977）的研究中得到了验证。他们报告了在先验概率相等和不相等条件下的分类精度，当非破产组（组 2）先验概率提高时，组 1 的分类错误率上升，组 2 的分类错误率下降。早期没有考虑先验概率的研究在后来受到批评，因为他们假设组隶属有相同概率，或将先验概率建立在样本比例基础上，见 Beaver（1966），Altman（1968）。

3.3.2　条件概率模型

Trahms（2013）采用了 Logit 模型研究了扭转问题。Barniv，Agarwal 和 Leach（2002）采用了有序三分类 Logistic 回归模型公司复苏（破产解决）的概率问题。由于经典多元判别分析法的某些假设一直颇受攻击，Ohlson 在 1980 年将财务危机预测的方法进行了重大改进，即简化为已知一个企业具有某些财务特征，而计算其在一段时间内陷入财务危机的概率问题。如果算出的概率大于设定的分割点，则判定该公司将陷入财务风险。他采用 Logistic 回归分析方法，从而克服了传统判别分析当中的许多问题，包括会计比率属于正态分布的假设以及危机与非危机企业具有同方差——协方差矩阵的假设。从 20 世纪 80 年代以来，Logistic 回归分析代替了判别分析，在财务危机预测研究领域中占据主流地位。Logistic 模型的优点主要在于不要求数据的正态分布和等协方差作为前提假设。其缺点是样本的数量不宜少于 200 个，否则存在参数估计的有偏性；当样本点存在完全分离时，模型参数的最大似然估计可能不存在，故 Logistic 模型的有效性存在问题；Logistic 模型对中间区域的判别敏感性较强，导致判别结果不稳定。采用 1970—1976 年的数据，Ohlson 利用 Logit 方法建立的财务困境预测模型具有重要意义。Logit（亦称分对数）分析法在 MDA 法计算 Z 分数预测财务困境的方法之外，提供了另一种预测财务困境的方法。Logit 模型的计算结果比 Z 分数法更直观，因为 Z 分数本身没有经济含义，尽管这两种技术都用数值来对公司进行归类，但 Logit 的计算结果比 Z 分数有更直观的含义，因为其本身代表了一种破产的可能性。在预测变量的选择方面，Ohlson 提出了非财务数据如股票价格和股票价格的波动等在财务困境预测模型中可能会很有用处。

像判别分析一样，Logit 分析也是对独立变量进行加权，为每个公司创造一个分数，再以得到的分数决定隶属于某个组的概率，这里

$$\text{破产的概率} = \frac{1}{1+e^{-z}} = \frac{1}{1+e^{-(a+b_1X_1+b_2X_2+\cdots+b_pX_p)}} \tag{3-6}$$

系数 b_i 为权数，以同时最大化已知破产公司破产概率和已知非破产公司的非破产概率，probit 模型不是使用逻辑累积函数，而是正态累计分布函数。

Ohlson（1980）创造性地将 Logit 模型用于破产预测后，Hamer（1983）Zamjewski（1985）等进行了深入研究，提出了使用 Logit 模型进行困境预测需要注意的三点。

（1）Logit 分类成功与概率估计。条件概率模型并没有与 DA 一样的假定，考虑到这些假定违反的频率，人们也许希望 Logit 和 probit 模型比 DA 分类更准确。比较性的研究希望验证这种预期但还不能下定论。总体上，Logit 对验证集的判别效果要稍好于 DA 的判别效果（总体为 94% 对 91%），在分类失败公司方面优势明显。后面将会谈到，误分失败公司比误分健康公司成本高昂，因此，该研究结果很重要。Hamer（1983）提供了一个统计上更强的比较结论，她比较了破产前 5 年的每一年，Logit 和 DA 对四个不同变量集的分类成功率，她发现经过卡方检验，两种方法的总体分类精度并无显著差异。其研究表明，在破产预测方面，Logit 模型分类要稍微精确一些，确切地说，Logit 模型不逊于 DA。

既然条件概率方法的中心是围绕概率估计，这个方法又没有如 DA 的假定困扰，从条件概率模型中得到的概率估计预期应该比从 DA 得到的概率估计更好。

（2）Logit 的假定和独立变量的评价。条件概率的一个假定就是概率的中间部分对独立变量的变化比两端更敏感。如果画出累计概率曲线，曲线的斜率在中间部分更陡峭，因为 Z 是独立变量的线性函数，可以看到概率的中间部分对独立变量值的改变更敏感。这从逻辑上很有吸引力，一旦破产的概率接近 1，独立变量再大的改变也不可能使概率变化很多。反之，如果概率接近 0，要使概率稍微变化，则需要独立变量变化很多。在概率中间部分，独立变量一个小的变动，很容易引起所预测的概率变动很大。在选择独立变量和进行变量值度量时就需要加倍小心。

（3）加入先验概率。回顾线性判别分析的讨论，先验概率是模型成功应用的一个很重要的考虑。纠正先验概率相对比较容易，仅需要调整分割点就可以了。对 Logit 和 probit 分析，问题并不这样简单。采用极大似然方法确定独立变量的权数，即最大化每个观察值破产和非破产的联合概率。如果用模型来估计新数据集的联合概率，只有在研究总体中失败和健康公司比例与估计样本中两类公司比例相同时，才可正确计算出概率。世界范围内任何公司破产的概率一般都小于 1%，通常使用的样本比例远远偏离总体。

Zamjewski（1985）考察了非随机抽样的财务困境模型的两个估计偏误，第一个偏误是困境公司的过样本，第二个偏误是样本选择的完全数据。提出了对极大似然法简单易用的调整方法，即加权外生抽样极大似然法（WESML），用来调整样本和总体比例的差异。他发现如果不做这样的调整，会导致有偏的系数估计，从而高估破产公司的分类精度。他用六个不同的数据集检验了未加权的 probit 模型。这些数据集的破产公司和非破产公司的比例不同范围从 40：40 到 40：800，通过添加随机选择的非破产公司到样本中得到了这些不同的比例。研究中共使用了 1681 家公司。其中一半公司用作估计样本，另一半公司用作检验样本。两个样本集中两类公司的比例相同。用未加权的 probit 模型，他发现 40：40 样本集有很高的分类精度，正确分类了破产公司的 97.2%，正确分类了非破产公司的 92.5%。随着样本比例接近总体比例时，破产组的分类精度下降，非破产组分类精度上升。对 40：800 样本集，破产公司分类精度仅为 71%，非破产公司分类精度为 99.5%。用 Pearson 相关系数法，他发现样本比例和破产分类精度之间有显著的关系。采用未加权的 probit 模型，在样本中破产公司和非破产公司比例相同的条件下，估计模型显然有风险。Zamjewski（1985）也用了 WESML 建立在六种样本比例下的模型，采用先验概率为 0.847（比最小的破产样本比例还小，用在未加权的 probit 模型的最小比例为 40/840 = 4.76%）。在 40：40 比例下，验证样本中破产公司分类正确率为 54%，非破产组正确分类率为 99.8%。在 40：800 比例下，验证样本中破产公司分类正确率为 43.9%，非破产组正确分类率为 100%。因此，该方法很大程度上纠正了偏误。Pearson 相关系数（在 0.1 水平上）并没有显示样本比例和预测精度之间有显著关系，与预期一致。虽然条件概率方法在计算处理成本上更昂贵，研究显示正确加权的 Logit 和 probit 模型要稍好于 DA，除非一个人特别关心分类精度。

3.3.3 多状态预测模型

有序多分类分析法，对其定义如下：

$$y_i^* = x_i\beta + u_i^* \tag{3-7}$$

探究的变量 y_i，表示研究对象变化的一种方向和趋势表征，是可以观测的，设 y_i 有 0，1，2，…，M 等 $M+1$ 个取值，而 y_i^* 是一个潜在变量，是不可观测的。解释变量 $x_i=(x_{1i},x_{2i},\cdots,x_{ji})$，$\beta$ 为系数项，$\beta=(\beta_1,\beta_2,\cdots,\beta_j)'$，$\mu_i^*$ 为独立同分布的随机变量，按下式得到 y_i，其中 c_i 是因变量的取值范围。

$$y_i = \begin{cases} 0 & \text{如果 } y_i^* \leqslant c_1 \\ 1 & \text{如果 } c_1 < y_i^* \leqslant c_2 \\ 2 & \text{如果 } c_2 < y_i^* \leqslant c_3 \\ \cdots & \\ M & \text{如果 } c_M < y_i^* \end{cases}$$

设μ^*的分布函数为$F(x)$，可以得到如下概率：

$P(y_i = 0) = F(c_1 - x_i\beta)$

$P(y_i = 1) = F(c_2 - x_i\beta) - F(c_1 - x_i\beta)$

$P(y_i = 2) = F(c_3 - x_i\beta) - F(c_2 - x_i\beta)$

……

$P(y_i = M) = 1 - F(c_1 - x_i\beta)$

其中，$P(y_i = M)$ 为因变量取各个结果时对应的概率值。

有序 logistic 回归模型与传统的二元 logistic 模型最显著的不同即因变量的取值由两个增加到多个，且多个因变量概率的取值呈现层次性。

Trahms（2013）就建议采用有序多分类 Logit 模型来对扭转问题建立计量模型。建议将扭转的成功进行有序分类：包括从失败（从清算到按破产法第十一章）到重组（按破产法第 7 章）、并购、恢复到溢价并购、急转弯恢复等多类。二分类方法对中间区域以及临界值的敏感性强，因变量分类仅为二分类时容易出现高端组高估、低端组低估的问题。因变量细分多类之后，敏感性问题得到一定程度的缓解。同时，模型也具备了稳定性的特征，可以生成线性评分，结果也更加丰富，还可以在连续度量中降低选择偏差。

将样本进行两分类（破产公司和非破产公司）是将财务困境过程过于简单化的方法，也许并不能抓住潜在的真实结构。公司困境具有一定的程度，这种程度每天、每时都在变化。公司的财务状态是不可观测的连续过程，为研究不能观测的连续过程，出于便于操作的目的需要选择一些事件。财务文献都强调这样一个理念：许多事件显示了财务困境的不同程度，公司在破产实际发生前要经历这些事件中的许多事件（Gordon，1971）。公司财务困境的严重程度可以用财务困境的序数测度来度量，Giroux 和 Wiggins（1984）介绍了破产前的常见事件，并且关注了特殊事件，而对破产前财务比率并未过多关注。他们描述了一个经营失败过程的连续框架，这个过程包括连续亏损、停止红利支付、债务重构、贷款和利息支付违约，他们发现在债务重构发生前公司往往减少红利。为阻止违约或违约发生后，债务重构都会发生。73%的债务重构涉及贷款条款谈判或现金支付展期或减少利率。他们也承认划分违约的顺序并非是一刀切的轻松任务。

Lau（1987）克服了公司失败预测模型方法的局限性，他采用五状态财务困境连续过程来大致估计财务困境的不同阶段，而非简单将财务困境状态分为破产和非破产。以严重程度排序，这些不同状态是：状态0：财务稳定；状态1：减少或取消红利支付；状态2：技术违约和贷款违约；状态3：《破产法》第十章和第十一章下申请破产保护；状态4：破产或公司资产清算。

Ward（1994）发展了四状态财务困境序数模型来检验现金流和应计比率的预测能力，其研究主要评价现金流在预测财务困境中的能力，以及用多状态序数模型预测财务困境的可行性。其财务困境模型的四状态是：（1）财务健康；（2）红利减少（取消）；（3）债务和解或贷款违约；（4）破产。以相关现金流和应计比率为预测变量，以概率分数秩和分类准确性用来度量模型的预测能力，其结果显示现金流和应计比率一起具有更好的预测不同财务阶段的能力。

近来Jones和Henser（2004）提出用混合Logit模型（MLA，mixed logit analysis,）进行公司财务困境预测，并将其同多分Logit模型（MNL，multinomial logit model,）进行了比较。他们将财务困境问题分成3个状态，即状态0：非失败公司；状态1：非流动公司；状态2：申请破产公司。他们建立了两个样本集，即估计样本和确认样本，其中，估计样本用来估计模型，确认样本用来验证模型。他们的结论是，混合Logit模型预测精度要好于多分Logit模型。Canbas等（2005）提出了一个集成早期预警系统（IEWS，integrated early warning system），该系统将判别分析、logistic回归、probit和主成分分析（PCA，principal component ananlysis），用来帮助检查和侦测具有严重问题的银行。PCA提取了3个财务成分，可以显著解释银行财务状况的变动，再对这3个因子运用判别分析、logistic回归、probit方法，结合这3个结果就形成了IEWS。他们利用的数据为网络上可用的土耳其银行的数据，结论为IEWS比其他模型更有预测能力。

3.3.4 生存分析

Schweizer和Nienhaus（2017）要将扭转过程的时间和动态特征加入计量

模型，建议采用面板生存分析模型（panel hazard model）。Lane 等（1986）运用一个比例危害回归模型对银行破产进行预测，比例危害回归模型又称为生存分析，假定财务健康和财务困境的公司都来自同样的总体。公司破产的风险是通过计算每家公司的生存时间来衡量的。假设 T 时间后公司就会破产，那么生存函数 $S(t)$ 就代表 $T>t$ 的概率，公司在 t 时间前破产的概率可以用 $F(t)$ 表示：

$$F(t)=1-S(t) \tag{3-8}$$

危险度函数 $h(t)$ 可以由下式给出：

$$h(t)=\frac{f(t)}{S(t)}=\frac{-S'(t)}{S(t)} \tag{3-9}$$

并且，$h(t|x)=h_0\exp(x'\beta)$

其中，x 代表公司一系列财务比率的向量，β 代表系数向量，可用最大似然法进行估计，h_0 是令 $x=0$ 计算得到的。

生存函数 $S(t|x)=S_0(t)\exp(\beta'x)$ (3-10)

其中，$S_0(t)=\exp(-\int_0^t h_0(u)du)$ (3-11)

由于没有限制 $h_0(t)$ 的分布，所以生存分析是一种半参数的方法，这也使之避免因为参数方法而受到攻击。而且，用这种方法处理破产预测问题显得更为现实。

生存分析方法可以得出预期扭转成功时间，这给决策者提供了重要的信息。虽然相对传统的统计方法而言，生存分析方法的确是很好的替代方法，但是到目前为止，可能因为对数据要求太高，它仍然没有被非常广泛应用。

3.3.5 神经网络

已有扭转定量模型主要采用统计模型，虽然具有理解相对简单和易于应用的优点，但严格的使用前提条件限制了其在经济研究中的应用。一些研究者先后提出了财务比率并不完全满足统计和基于期权定价模型的前提条件，如财务比率的横截面分布特性（Kane，Richardson and Meade，1998）和财务比率时间序列的稳定性问题（Ioandinis，Peel and Peel，2003）；在期权理论框架下财务危机判别模型假设企业资产价值服从对数正态分布，这一假设在现实中也很难得到满足。另外，统计模型还要求变量不能太多，样本也不能太少，这些缺点智能模型可以很大程度上予以克服。因此，对假设条件要求不高的神经网络类的智能模型现在越来越多地出现在财务困境研究文献中。

由于扭转过程实际上是动态的、递进和反复的过程，神经网络大家族中就有可能用于模拟扭转过程的神经网络子类如递归神经网络等。因此，从分类的角度来看，神经网络也很有潜力作为建立扭转量化模型的工具。神经网络具有自学习、自适应和逼近任意非线性函数的功能，因而受到许多领域的使用者的重视，大量被应用到各种预测中，也被应用到破产预测和信用评价中。Hornik 等研究显示只要有足够多的神经元，用任意传递函数的标准神经网络可以任意精度逼近任意可测函数。Hecht – Nielson（1991）证明了三层 BP 网络可逼近任意连续映射。随着信息技术的发展特别是计算机技术的发展，自 20 世纪 80 年代中期开始，人工神经网络技术被广泛应用于模式识别、优化计算、智能控制等领域，并取得了突破性的进展。由于人工神经网络可实现信息的智能化处理，近年来它作为一种强有力的工具在经济、金融、管理领域有着广泛的应用，其中也包括财务危机预测研究领域。Odom 和 Sharda（1992）第一次把人工神经网络应用于财务危机的预测研究，他们使用了三层前馈神经网络，并与传统的多元判别分析法进行了比较研究。实证表明，神经网络具有更好的准确性（accuracy）和鲁棒性（Robustness）。

Tam 和 Kiang（1992）利用反向传播神经网络（BPNN）进行破产预测。数据来自德克萨斯银行失败前 1 年和失败前两年的数据。他选择的变量是基于美国联邦储备保险公司的 CAMEL（Capital adequacy，Asset quality，Management，Earnings，Liquidity）标准。研究显示 BPNN 比 DA、factor – logistic、K 邻域法和 ID3（Interactive Dichotomizer 3）有更好的判别效果。Tam 和 Kiang 比较了 DA、logistic、K 邻域法、ID3、前向神经网络、BPNN 等在破产预测中的效果。对训练样本而言，破产前 1 年 BPNN 效果要好于其他方法。然而，破产前 2 年数据 DA 效果最好。对检验样本，BPNN 在破产前 1 年、破产前 2 年效果都最好。用剪刀法（jackknife）对检验样本，BPNN 在破产前 1 年、破产前 2 年效果也最好。Sharda 和 Wilson（1993）基于重复抽样技术比较了 BPNN 和 MDA 判别效果。变量选取了 Altman 的 5 个变量，采用的 BPNN 的网络结构为输入层 5 个神经元，隐含层 10 个神经元，输出层 2 个神经元。结果 BPNN 在所有情况下都好于用 DA 得到的结果。Altman 等（1994）比较了 BPNN 和 LDA 的困境公司分类效果，他们采用 10 个财务比率，样本集由 3 类公司组成，即健康公司、不合理公司和脆弱公司。采用 BPNN 的结构为：第一隐含层 10 个神经元，第二隐含层 4 个神经元，输出层 1 个神经元。他们断定 LDA 好于 BPNN。

Leshno 和 Spector（1996）比较了各种 NN 和 DA 的分类效果，该研究使用了两种输入特征的感知器网络：函数扩张型（functional expansion，FE）和连接激活型（joint activation，JA）网络，并调查了他们的泛化效果。他们使用了 41 个财务比率，包括 Altman 使用的财务比率。其结论是 NN 好于 Z－分数模型。Rahimian 等（1993）比较了三种神经网络 BPNN、Athena 网络（一种基于熵的神经网络）和单层感知器网络的破产预测效果。并同 Odom 和 Sharda（1992）利用 BPNN 和判别分析得到的结果进行了比较。基于检验数据的判别精度为判别分析为 74.4%，Odom 和 Sharda（1992）的检验结果为 81.81%。就速度而言，此研究中的 BPNN 要快于 Odom 和 Sharda 中的 BPNN。Barniv et al. （1997）比较了 BPNN、多状态有序 Logit 模型和非参数判别分析（NPDA，nonparametric discriminant analysis）。要用模型将公司分为 3 类，即并购型、新生型和清算型。他们设计了两类模型，即 12 变量模型和 5 变量模型。这两类模型都好于 Ohlson 的 9 变量模型。他们得出结论 BPNN 要好于 NPDA 和 Logit 模型。

Lam（2004）在财务表现预测中，考虑在 BPNN 同时加入基本分析和技术分析。预测元包括 16 个财务变量和 11 个宏观经济变量。他断定 BPNN 要好于基于分散投资策略的最小基准法（minimum benchmark）。在 BPNN 的输入向量中考虑以前的财务数据，还可以显著提高回报水平。因此，通过 BPNN，集成技术分析和基本分析是很有好处的。

Lacher et al. （1995）提出了一个瀑布神经网络用于公司财务健康状况的分类。他们使用了 Altman 研究中所用的五个财务比率。数据来自于标准普尔的计算统计数据库（Compustat）。他们比较了瀑布神经网络与 Z 分数判别效果，结果发现瀑布神经网络总体分类效果更好。Yang et al. （1999）提出了用没有模式正规化的概率神经网络和费歇判别分析（FDA，fisher discriminant analysis）来解决破产预测问题。他们比较了原始 PNN、模式正规化的概率神经网络 PNN1、费歇判别分析和 BPNN 的判别效果。前四个比率经过平减（deflated）消除了因为相关因素波动导致的时间差异。他们断定 PNN1、BPNN 使用未平减数据得到了更好的分类效果。FDA 使用经过平减数据得到了好的分类效果。他们发现平减过程可以提高有些模型的判别能力。Back 和 Cho（2003）提出用自相关神经网络（auto－associative neural network，AANN）对韩国公司进行破产预测。他们仅用流动性公司数据对模型进行了训练，使用的检验集同时包含了流动性好的公司和流动性差的公司。因为流动性好的公司和训练集中的公司有一些共同特征，因此对流动性好的公司判别效果好，而对流动性不好公司判别效果差。AANN 对流动性好的公司判别准确率为 80.45%，对违约公司为 50.6%。二分类 BPNN 对流动性好的公司判别准确率为 79.26%，对违约公司为 24.1%。因此，AANN 表现好于二分类 BPNN。

3.3.6 基于案例的推理（Case – Based Reasoning，CBR）

Bryant（1997）设计了一个 CBR 用于破产预测。并同 Ohlson 的 Logit 模型进行了比较。他的 CBR 模型是用 3 个案例库（即模型Ⅰ、模型Ⅱ、模型Ⅲ）建立的，采用了 25 个财务变量破产前 1 年，前 2 年和前 3 年的数据。就更少的Ⅰ类错误而言，Logit 模型比 CBR 要好。Jo 和 Han（1996）使用了 MDA、CBR 和 BPNN 来预测破产，他们采用的数据来自韩国公司。变量选择则用逐步选择和 t 检验进行了维数精简，MDA、BPNN 和 CBR 的准确率分别为 82.22%、83.79% 和 81.52%。其结论是 BPNN 比 MDA 和 CBR 效果好，MDA 比 CBR 效果好。Park 和 Han（2002）提出了一个分析型推理模型 K – NN 进行破产预测，该模型采用了层次分析过程（analytic hierarchy process，AHP）权数。使用的数据来自韩国工业银行，使用的变量包括财务变量和非财务变量。得到的预测精度为纯 K – NN 为 68.3%，而复合 Logit – CBR 为 79.2%，AHP – KNN – CBR 为 83%。他们结论是加权 KNN 要好于其他模型。

3.3.7 复合方法

Pandit（2000）建议，在定义扭转时，可以结合会计比率与专家意见，定量指标与定性意见结合。这就意味着建立的模型同时用到定量和定性的指标，这就需要更复杂的复合方法。

这里的复合系统是智能技术的结合或智能技术与统计方法的结合。迄今为止，应用的复合方法主要有三类：第一类是一些分类器结果与仲裁判断结合。一些相似分类器，如 BPNN（反向传播神经网络）、DA、logistic 回归、MARS、C4.5、模糊逻辑、粗糙集、GA、GP 等被用来解决单模式问题，再将结果与仲裁者判断相结合。仲裁者判断通过简单多数投票或加权多数投票或预测的线性组合得到；第二类是智能技术被用来执行特征提取任务，另外的智能技术则根据提取的特征进行分类；第三类是集成复合系统，如基于 GA（遗传算法）选择的 NN、神经模糊系统、遗传神经模糊系统等。

第4章　现金流信息对扭转效果的实证检验

在衰退阶段的目标就是要在下滑初始时生存下去，通过紧缩活动产生正现金流①。

——Pearce（2007）

4.1　现金流在识别公司业绩方面的理论根据

Winn（1993）认为公司的现金流问题是扭转面对的首要问题，尽管盈利性也关系到公司和股东，但不是短期生存要面对的紧要问题。有些研究者已经避免定义传统的扭转候选因素，因为它们的恶化和恢复很容易观察到，像断崖式销售下降，伴随而来的是负营业利润和下降的股东回报。根据 Bibeault（1982）对扭转经理的采访，他总结了财务的四个"红色警讯"，即下降的利润率、下降的市场份额、上升的债务、下降的流动资金。具有严重现金流问题的公司会面临资不抵债。Hofer（1980）将紧缩描述为克服效率缺乏和现金流问题的行动。Robbins 和 Pearce（1992）提出扭转行动的第一步是以企业生存和产生现金流为目标。Pearce（2007）在建立扭转问题模型时特别使用了现金流量指标。他认为衰退阶段的目标，就是要在开始下滑时生存下去，通过紧缩活动产生正现金流，包括缩减产品线、裁减员工和其他成本削减活动，然后开始重新定位阶段，该阶段以产生利润为目标。

---

① Pearce II，J. A. . The value of corporate financial measures in monitoring downturn and managing turnaround：An exploratory study. Journal of Managerial Issues，2007，19：253 –270.

现金流在公司财务困境中的作用历来得到该领域研究专家的高度重视，现金流不仅反映公司经营，也深刻影响公司经营，很多公司因为现金流管理不当导致困境。Beaver（1966）设计了一个基于现金流的破产可能性因果关系理论模型，提出了一个现金流模型来研究破产，将公司看作为流动资产的“蓄水池”，流入就是补充，流出就是消耗。

充沛的现金流是优质企业最为直观也是最重要的特征。企业优秀，一定表现在现金流上，这种现金流由两方面构成，一种是下游企业提供的现金流，另一种是占用上游资金带来的现金流。表现在企业财务报表上就是有非常多的货币资金，并且企业基本不存在太多有息负债。

很容易想到现金流量数据与破产相关。Gentry，Newbold 和 Whitfold（1985）发现，很多研究如 Altman（1968），Deakin（1972），Blum（1974），Ohlson（1980）都发现变量现金流/总负债（CA/TL）在预测破产中特别有用。然而，这些研究都定义现金流为净收入 + 折旧（或摊销）。在某种程度上，这些研究不仅提高了预测精度，而且符合了一般常识，即现金流在衡量流动性方面特别有用。

Casey 和 Bartczak（1984）使用了单变量分析度量了经营性现金流（CFO）和相关现金流比率的预测能力。他们计算现金流的方法为：

现金流 = 经营中的流动资本 + 非现金流动资本的变化量 - 短期负债

他们发现，所有变量在识别破产公司时效果都很好（例如，用 CFO 可以正确判别破产公司的 90%），但在判别非破产公司方面效果不是很好（与六个常见应计财务比率的判别分析模型相比）。而且，在考察总体准确率时（破产和非破产公司总体），Casey 和 Bartczak 发现多变量的应计模型更好。因为有些成长中的成功公司，也许要努力抓住市场机会，现金流也较差。因此，他们断定使用现金流数据预测公司财务状况值得质疑。

Aziz，Emanuel 和 Lawson（1988）与 Aziz 和 Lawson（1989）用 Lawson 现金流识别作为他们分析的框架，调查了现金流预测财务困境的能力。他们认为公司破产与公司估价是相关的，而公司估价又是与 Lawson 现金流识别相关的。他们采用 MDA 和 logistic 回归发现，在破产前 5 年，现金流变量都以相当高的精度对破产和非破产公司进行识别，他们也计算了 Altman（1968）的 Z 分数，发现现金流模型表现与 Z 分数具有可比性。在破产前的 5 年中，有 4 年现金流模型表现要好于 Z 分数模型。多个研究关于现金流在研究困境问题时的有用性结论见表 4 - 1。

表 4-1　　现金流在失败研究中结果总结

研究	现金流研究困境问题有用性
Beaver（1966）	是
Altman（1968）	是
Deakin（1972）	是
Blum（1974）	是
Ohlson（1980）	是
Casey & Bartczak（1984）	否
Gentry，Newbold & Whiteford（1985）	是
Aziz and Lawson（1989）	是
Robbins 和 Pearce（1992）	是
Pearce（2007）	是

4.2　脱困预测文献

White（1984）是较早从事脱困可能性研究者之一，他发现公司脱困的可能性与公司自由资产、规模、公司盈利前景和管理层承诺相关。其后有学者对 White（1984）所提出的影响脱困因素进行了检验。Casey 等（1986）用资产收益率和留存收益来代替盈利前景，发现留存收益是显著影响脱困可能性的因素，但资产收益率对脱困的影响并不显著。Bryan 等（2002）发现，流动性风险高和偿债性风险低的公司脱困可能性高，偿债性风险高和流动性风险高的公司则脱困可能性低。

虽然很多研究如 Altman（1968）、Ohlson（1980）、Ward（1994）、Jantadej（2006）等都发现现金流在预测破产中特别有用，但在扭转结果识别这一新的研究领域，系统考察现金流作用的文献较少，特别是基于中国困境公司考察现金流在公司扭转识别中作用的文献几乎没有。我国自 1998 年颁布并实施《企业会计准则——现金流量表》以来，现金流量信息是否具有决策价值也一直是一个值得深入、系统研究的课题。

4.3 研究设计

4.3.1 样本与数据

本章的研究对象为中国证监会行业分类为制造业的A股上市公司，样本公司数据选取的时间区间为2013年1月1日至2017年12月31日共计5年时间，样本数据来源于Wind金融数据库。

（1）时间区间的选取和符号说明。根据两阶段模型理论，选取时间段2013年1月1日至2014年12月31日为衰退期，复苏期考察期间为2015年1月1日至2017年12月31日。

根据不同的时间框架，可以建立不同的扭转效果识别模型，设2015年12月31日为模型测试原点t年，设2016年12月31日为t+1年，设2017年12月31日为t+2年。下文分别以t年、t+1年和t+2年3个测试时点，对复苏期的扭转效果进行建模分析，得到这3个时点的有序三分类logistic扭转预测模型，分别记为模型一（t）、模型二（t+1）和模型三（t+2），通过模型对衰退企业的扭转效果进行结论分析和政策建议。

（2）业绩变化界定。选择总资产报酬率ROA来度量企业扭转效果，即扭转绩效，总资产报酬率指标可以很好地表征企业的整体运行状况和业绩变动。

（3）样本选择。

①对衰退企业定义为：2年内ROA出现连续下降且2年内净利润最低值为负值。

②对扭转成功企业定义如下：在确定衰退发生后，即复苏期间企业经历了2年以上的净利润大于零，且保持总资产报酬率指标增加，另需保持在该期间总资产报酬率的平均值高于衰退期间该指标的平均值。

③对扭转效果不稳定的企业定义如下：在绩效亏损之后，企业出现绩效改善，复苏第1年ROA上升，且复苏2年平均净利润为正，但持续性较差，没有

连续2年净利润为正或ROA持续的上升。

④对继续衰退的企业定义如下：在绩效亏损后，业绩未出现改善，复苏2年平均ROA低于衰退期2年平均ROA，且复苏2年平均净利润为负值或与衰退期相比持续下降。

分别选取了40家制造类公司组成扭转成功组和继续衰退组。参照Altman（1968）样本选择的配比原则，按1∶1选取了80家制造类公司组成扭转效果不稳定组（见附录1）。

4.3.2　变量选择与定义

本章主要选择三类现金流量指标作为研究对象，即经营性现金流量、投资性现金流量和筹资性现金流量。Beaver（1966）在进行财务困境预测的开创性研究中认为，“现金流量/负债总额”是预测经营失败的最佳指标。本章中在度量现金流量时，也采用各类现金流量除以负债总额以体现单位负债所具有的现金流量。另选取了资产报酬率（EBIT）、资产负债率（ZCFZL）、公司规模（LNZZC）、销售资产比率（SALE）4个会计变量作为控制变量。

变量定义与计算方法见表4－2。

表4－2　变量定义表

名称	符号	计算公式
现金流量类变量：		
经营性现金流量负债比率	CFO	净经营性现金流量/总负债
投资性现金流量负债比率	CFI	净投资性现金流量/总负债
筹资性现金流量负债比率	CFF	净筹资性现金流量/总负债
净现金流量负债比率	NETCF	现金流净额/总负债
控制变量：		
资产报酬率	EBIT	息税前利润/资产总额
资产负债率	ZCFZL	总负债/总资产
公司规模	LNZZC	ln（总资产），总资产取对数
主营业务收入资产比率	SALE	销售额/总资产

因变量取值为三个离散值，设 EMERG 为因变量，定义

$$EMERG=\begin{cases}0，扭转成功\\1，经营不稳定\\2，继续衰退\end{cases}$$

4.3.3 检验模型

本章选择线性有序多分类 logistic 回归模型检验现金流量变量在公司扭转识别的作用。

有序多分类分析法，对其定义如下：

$$y_i^* = x_i\beta + u_i^* \tag{4-1}$$

探究的变量 y_i，表示研究对象变化的一种方向和趋势表征，是可以观测的，设 y_i 有 0，1，2，…，M 等 $M+1$ 个取值，而 y_i^* 是一个潜在变量，是不可观测的。解释变量 $x_i=(x_{1i},x_{2i},\cdots x_{ji})$，$\beta$ 为系数项，$\beta=(\beta_1,\beta_2,\cdots,\beta_j)'$，$\mu_i^*$ 为独立同分布的随机变量，按下式得到 y_i，其中 c_i 是因变量的取值范围。

$$y_i=\begin{cases}0 & 如果\ y_i^*\leqslant c_1\\1 & 如果\ c_1<y_i^*\leqslant c_2\\2 & 如果\ c_2<y_i^*\end{cases}$$

设 μ^* 的分布函数为 $F(x)$，可以得到如下概率：

$$P(y_i=0)=F(c_1-x_i\beta) \tag{4-2}$$

$$P(y_i=1)=F(c_2-x_i\beta)-F(c_1-x_i\beta) \tag{4-3}$$

$$P(y_i=2)=1-F(c_2-x_i\beta) \tag{4-4}$$

有序 logistic 回归模型与传统的二元 logistic 模型最显著的不同即因变量的取值由两个增加到多个，且多个因变量概率的取值呈现层次性。

为检验现金流量信息对预测公司脱困的增量贡献，建立下面的统计量：

$$\lambda(\beta|\beta_0)=2\log L(\beta)-2\log L(\beta_0) \tag{4-5}$$

其中，$\lambda(\beta|\beta_0)$ 为全模型（以含 β 标示）与简模型（以含 β_0 标示）的最大对数似然估计值之差。$\lambda(\beta|\beta_0)$ 大致服从自由度为 k 的 χ^2 分布（伍德里奇，2007）。k 为全模型与简模型解释变量个数的差异。

为考察现金流量的增量信息，首先将因变量对 4 个控制变量进行 logistic 回

归得到简模型（即基准模型，Benchmark model）。然后在控制变量基础上逐个加入现金流量变量，检验新模型的拟合度是否显著提高，如果 $\lambda(\beta|\beta_0)$ 增大，则表明现金流量在应计会计变量的基础上具有增量预测信息含量。

4.4　实证结果

4.4.1　描述性统计量

（1）成功公司描述性统计量分析。成功公司经营性现金流 CFO 在 t 年均值为 0.0771，中值为 0.0809；t+1 年均值为 0.2423，中值为 0.1619；t+2 年均值为 0.1458，中值为 0.0832。可见成功公司经营现金流 CFO 有稍微改善迹象。经营性现金流 CFO 在 t+1 年改善后，t+2 年又减少，说明公司在流动性短期改善后，没有再特别重视 CFO，可能转而重视净利润。结合三年 EBIT 的变化可以看到，t 年均值为 -0.0071，t+1 年均值为 0.0254，t+2 年均值为 0.0523。

成功公司投资现金流 CFI 在 t 年均值为 -0.1029，中值为 -0.0479；t+1 年均值为 -0.143，中值为 -0.0689；t+2 年均值为 -0.171，中值为 -0.1212。可见成功公司投资现金流一直为负，可能进行有效投资有助于企业脱困。

成功公司筹资现金流 CFF 在 t 年均值为 0.0562，中值为 -0.0141；t+1 年均值为 0.0437，中值为 -0.0247；t+2 年均值为 0.0546，中值为 0。可见成功公司筹资现金流改善明显。观察 t+1 年 CFO 上升和 CFF 下降，t+2 年 CFO 下降和 CFF 上升，可能 t+1 年 CFO 改善后，融资变得更加容易，t+2 年公司更注重长期盈利。

成功公司资产负债率 ZCFZL 在 t 年均值为 0.488，中值为 0.5086；t+1 年均值为 0.4468，中值为 0.4326；t+2 年均值为 0.4212，中值为 0.4094。可见成功公司资产负债率明显改善，其值处于下降过程中。

成功公司销售资产比率 SALE 在 t 年均值为 0.525，中值为 0.501，t+1 年均值为 0.619，中值为 0.5171，t+2 年均值为 0.7367，中值为 0.5919。可见成功公司产品销售越来越进入良性循环（见表4－3，表4－4，表4－5）。

表4－3　成功公司描述性统计量（t年）

	SALE	EBIT	ZCFZL	CFO	CFI	CFF	NETCF
Mean	0.5250	－0.0071	0.4880	0.0771	－0.1029	0.0563	－0.0341
Median	0.5010	－0.0042	0.5087	0.0809	－0.0479	－0.0141	－0.0285
Maximum	1.9820	0.0679	0.8340	0.3353	0.2263	1.8130	0.4104
Minimum	0.1220	－0.0896	0.1115	－0.2654	－1.5437	－0.3558	－0.3114
Std. Dev.	0.4140	0.0310	0.1830	0.1175	0.2541	0.3732	0.1270
Skewness	1.6321	－0.2436	－0.1092	－0.6905	－4.6600	3.6285	0.5785
Kurtosis	5.7930	4.2113	2.5184	4.2199	27.3069	16.3671	5.9400

表4－4　成功公司描述性统计量（t＋1年）

	SALE	EBIT	ZCFZL	CFO	CFI	CFF	NETCF
Mean	0.6191	0.0254	0.4468	0.2423	－0.1430	0.0437	0.1791
Median	0.5171	0.0189	0.4326	0.1619	－0.0689	－0.0247	0.0647
Maximum	2.0307	0.1467	0.7674	3.2500	0.1089	2.0713	2.3018
Minimum	0.1317	0.0015	0.1306	－0.5121	－1.2330	－1.0437	－0.2982
Std. Dev.	0.4058	0.0266	0.1800	0.5285	0.2576	0.4445	0.4308
Skewness	1.6583	2.7669	－0.1411	4.7483	－2.5929	2.2257	3.4710
Kurtosis	5.9697	12.4748	1.9356	27.7704	10.3512	12.8052	16.7193

表4－5　成功公司描述性统计量（t＋2年）

	SALE	EBIT	ZCFZL	CFO	CFI	CFF	NETCF
Mean	0.7368	0.0523	0.4212	0.1458	－0.1710	0.0546	0.0469
Median	0.5919	0.0367	0.4094	0.0832	－0.1212	0.0000	0.0410
Maximum	2.1846	0.1828	0.7189	0.9201	1.4063	0.9430	0.7203
Minimum	0.1495	0.0076	0.1332	－0.3417	－1.0656	－0.4106	－0.6586
Std. Dev.	0.4473	0.0425	0.1544	0.2674	0.4059	0.2334	0.2601
Skewness	1.6983	1.4599	－0.0239	1.0717	0.8265	1.4056	0.0107
Kurtosis	5.9358	4.4687	2.0720	4.1164	8.0053	7.2881	4.9167

（2）继续衰退公司描述性统计量分析。继续衰退公司经营性现金流CFO在t年均值为0.0277，中值为0.0193；t＋1年均值为－0.0286，中值为0.0048；

t 年均值为 -0.0058，中值为 0.0011。可见继续衰退公司经营现金流无改善迹象。

继续衰退公司投资现金流 CFI 在 t 年均值为 -0.0391，中值为 -0.215；t+1 年均值为 -0.1566，中值为 -0.0214；t+2 年均值为 0.0449，中值为 -0.0072。可见衰退公司投资现金流无明显变化，可能继续衰退企业已经几乎停止了投资活动。

继续衰退公司筹资现金流 CFF 在 t 年均值为 0.0852，中值为 -0.0143；t+1 年均值为 0.0486，中值为 -0.0223；t+2 年均值为 -0.0395，中值为 -0.0012。可见继续衰退公司筹资现金流无明显变化。

继续衰退公司资产负债率 ZCFZL 在 t 年均值为 0.5446，中值为 0.5776；t+1年均值为 0.5751，中值为 0.5782；t+2 年均值为 0.5949，中值为 0.5792。可见继续衰退公司资产负债比率明显恶化。

继续衰退公司销售资产比率 SALE 在 t 年均值为 0.471，中值为 0.3938，t+1 年均值为 0.4616，中值为 0.3835，t+2 年均值为 0.5164，中值为 0.4366。可见继续衰退公司销售情况改善并不明显（见表 4-6，表 4-7，表 4-8）。

表 4-6　　继续衰退公司描述性统计量（t 年）

	SALE	EBIT	ZCFZL	CFO	CFI	CFF	NETCF
Mean	0.4710	0.0055	0.5446	0.0277	-0.0391	0.0852	0.0855
Median	0.3938	-0.0033	0.5776	0.0193	-0.0215	-0.0143	0.0076
Maximum	2.0954	0.3984	0.9597	0.3319	0.9768	1.6914	2.1179
Minimum	0.0230	-0.1044	0.0595	-0.6257	-0.8672	-0.3602	-0.5723
Std. Dev.	0.3473	0.0651	0.2216	0.1538	0.2454	0.3588	0.3521
Skewness	2.5036	4.1122	-0.1277	-1.0178	0.2514	2.9946	3.8710
Kurtosis	10.9832	25.2517	2.1497	7.2751	10.0455	12.9339	22.2020

表 4-7　　继续衰退公司描述性统计量（t+1 年）

	SALE	EBIT	ZCFZL	CFO	CFI	CFF	NETCF
Mean	0.4616	-0.0372	0.5751	-0.0286	-0.1566	0.0486	0.0130
Median	0.3835	-0.0263	0.5782	0.0048	-0.0214	-0.0223	0.0025
Maximum	1.8225	0.0723	1.1135	0.3427	2.6085	5.9324	0.9856
Minimum	0.0219	-0.1971	0.0781	-0.9397	-5.0791	-2.2280	-0.3069

续表

	SALE	EBIT	ZCFZL	CFO	CFI	CFF	NETCF
Std. Dev.	0. 3141	0. 0564	0. 2490	0. 2001	0. 9110	0. 9070	0. 1763
Skewness	1. 9890	-0. 9052	-0. 0104	-2. 1574	-3. 3216	4. 6180	2. 8837
Kurtosis	8. 3413	3. 5144	2. 3005	10. 1695	20. 9000	33. 7524	17. 9745

表 4-8　　继续衰退公司描述性统计量（t+2 年）

	SALE	EBIT	ZCFZL	CFO	CFI	CFF	NETCF
Mean	0. 5164	-0. 0580	0. 5949	-0. 0058	0. 0449	-0. 0395	-0. 0730
Median	0. 4366	-0. 0297	0. 5792	0. 0011	-0. 0072	-0. 0012	-0. 0123
Maximum	1. 9100	0. 0676	1. 2424	0. 2402	2. 0126	0. 6931	0. 8187
Minimum	0. 0581	-0. 3090	0. 0943	-0. 4191	-0. 8209	-1. 6297	-3. 0911
Std. Dev.	0. 3713	0. 0934	0. 2694	0. 1289	0. 4416	0. 3348	0. 4615
Skewness	1. 8862	-1. 3235	0. 1458	-1. 0319	2. 2955	-2. 4019	-4. 9584
Kurtosis	7. 0538	4. 0470	2. 4522	4. 8080	10. 6578	12. 5866	34. 3969

4. 4. 2　现金流量相对信息含量的单变量有序三分类 logistic 回归分析

由表4-9可以看出，基准模型中资产负债率 ZCFZL 一直是比较显著的识别因素（在10%显著性水平下），且资产负债率与成功扭转可能性呈反向关系。盈利能力 EBIT 也是比较显著的识别因素。这个结果证实了 Bryan 等（2002）的结论，即公司的偿债能力和盈利能力对公司扭转成功具有显著识别作用。销售收入 SALE 和规模 LNZZC 对公司的识别效果不明显，这与 Collect，Pandit 和 Saarikko（2014）的研究不同。可能因为在中国，一般上市的公司都是当地政府精挑细选后，积极推动上市。政府对上市公司的支持力度都很大，且上市公司一般都是规模比较大的企业。CFO 也有比较好的判别效果，CFO 对 t+1 年是否扭转成功具有很好的识别效果，在1%显著性水平下显著。对 t+2 年有一定的识别效果，如果接受15%的显著性水平的话。投资性现金流变量 CFI 在3年识别效果都不理想。t+1 年回归系数符号为负，且在10%显著性水平下显著。而 CFF 对扭转成功可能性识别效果比 CFO 差，三期回归模型中变量 CFF 的回归系数在10%显著性水平下均不显著。

表 4－9　　　单个现金流变量有序三分类 logistic 回归结果

	t 年		t+1 年		t+2 年	
变量	系数	Z 统计量	系数	Z 统计量	系数	Z 统计量
SALE	-0.0533	0.1	-0.5389	-0.7443	-0.082	-1.034
EBIT	-70.562	-3.554	-7.787	-3.598	6.958	1.156
LNZZC	-0.453	1.532	-0.342	1.111	-0.368	-1.865
ZCFZL	1.876	1.654	1.901	1.766	2.1337	1.8326
CFO	-2.109	-0.878	-5.818	-2.863	-2.261	-1.372
CFI	1.108	1.051	-0.974	-1.579	1.037	1.073
CFF	-3.157	-1.507	0.4302	0.8776	0.3909	0.6357
NETCF	-1.945	0.4376	-0.8266	-0.6179	3.5089	2.296

4.4.3　现金流量增量信息含量的多变量 logistic 回归分析

进行多变量 logistic 回归前，用计量软件 EVIEWS 编写程序计算了样本矩阵的特征值，从而得出反映多重共线性的方差膨胀因子（VIF），7 个变量（CFO，CFI，CFF，ZCFZL，LNZZC，SALE，EBIT）在 t+2 年到第 t 年间的 VIF 最大值分别为 6.986、6.667、7.986，低于临界值 10，从而可以认为不存在严重的多重共线性（见表 4－10）。

表 4－10　　　多变量 logistic 回归结果

模型	$\lambda(\beta \mid \beta_0)$	自由度	P 值
t+2 年			
基准模型			
CFO	6.899	1	0.008
CFI	0.883	1	0.812
CFF	4.854	1	0.022
NETCF	1.457	1	0.168
CFO+CFI+CFF	10.881	3	0.036
CFO+CFF	1.455	2	0.021
CFI+CFF	0.953	2	0.867

续表

模型	$\lambda(\beta\mid\beta_0)$	自由度	P 值
		t+1 年	
基准模型			
CFO	4.357	1	0.029
CFI	4.224	1	0.075
CFF	0.689	1	0.845
NETCF	3.955	1	0.053
CFO+CFI+CFF	14.532	3	0.001
CFO+CFF	10.591	2	0.005
CFI+CFF	4.344	2	0.123
		t 年	
基准模型			
CFO	1.546	1	0.255
CFI	1.718	1	0.229
CFF	0.227	1	0.413
NETCF	0.025	1	0.852
CFO+CFI+CFF	9.267	3	0.027
CFO+CFF	5.122	2	0.073
CFI+CFF	3.557	2	0.177

表4-10给出了多变量 logistic 回归结果。第 t+2 年在基准模型（ZCFZL，SALE，EBIT，LNZZC）的基础上同时加入 CFO、CFI、CFF 后，回归模型对应 $\lambda(\beta|\beta_0)$ 第 t+2 年值为 10.881；对应 $\lambda(\beta|\beta_0)$ 第 t+1 年值为 14.532；对应 $\lambda(\beta|\beta_0)$ 第 t 年值为 9.267，表明这种改善在 5% 显著性水平下是显著的。加入单个 CFO 后，对应 $\lambda(\beta|\beta_0)$ 第 t+2 年值为 6.899；对应 $\lambda(\beta|\beta_0)$ 第 t+1 年值为 4.357，均在 5% 显著性水平下显著。表明增加经营性现金流信息到识别模型中是有价值的。加入 CFF 后，$\lambda(\beta|\beta_0)$ 第 t+2 年值为 4.854，在 5% 显著性水平下显著，在其他年份不显著。这可能是扭转成功公司与进行比较的其他两类公司，即继续衰退公司与经营不稳定公司融资状况明显不同。加入 NETCF 后对应 $\lambda(\beta|\beta_0)$ 仅第 t+1 年值为 3.955，在 10% 显著性水平下显著。说明净现金流信

息 NETCF 也在对显著性水平要求不高时，具有识别三类公司的作用。可见，在运用现金流量信息时，应该全面考查各种现金流量成分，而不是仅考查净现金流量信息。在第 t+1 年，在基准模型基础上加入 CFO+CFI+CFF 组合或 CFO+CFF 组合，均对改善识别效果有帮助。在基准模型基础上加入 CFO 也改善了识别效果。

第 5 章　上市公司扭转案例分析

基于酒鬼酒（000799. SZ）的扭转过程

小样本案例分析更具宽度与深度，与大样本定量分析一起更好解释扭转，小样本的“经度案例”研究也是有用的①。

——Pandit（2000）

5.1　Chowdhury 四阶段公司扭转理论简介

阶段 1：衰退。

衰退是扭转阶段的第一阶段，有两种类型的衰退，即 K 型衰退和 R 型衰退：（1）K 型衰退：资源依赖型学说（Pfeffer and Salancik，1978）认为，外部和宏观因素是衰退的原因，衰退属环境的派生物（Wilson，1980），由一群公司或一个行业组成的宏观生态在缩减，衰退就会发生。宏观生态的吸纳能力耗尽，则生态中所有公司都面临枯竭的资源池和公司之间紧张对抗；（2）R 型衰退：衰退是组织的派生物，也可称为组织衰退（Wilson，1980），指的是独立于环境的组织在可用资源方面的减少。即使组织处于稳定或增长的宏观生态中，但因为自己原因导致很多问题出现时，衰退也会发生。

两种类型的衰退都会导致财务业绩和可用资源的恶化，衰退的程度和规模可能会因外部和内部因素而变化，当衰退接近低谷时，识别 R 型衰退还是 K 型

① Pandit，N. R. . Some recommendations for improved research on corporate turnaround. Management，2000，3：31 – 56.

衰退很重要。K型涉及行业，R型涉及公司，两种类型事件发生的轨迹和范围影响衰退时间长短和衰退速度。

另一个与衰退有关的事件是刺激，是诱发干涉行动的导火索。在衰退的早期就采取行动可能有更多机会达到成功扭转，银行、债权人、政府、媒体、股东、工会等参与方施加压力会让管理层感知到衰退且采取行动。

阶段2：反应启动。

扭转反应被分为战略性扭转和操作性扭转。战略性扭转行动是重大的、长期的创新性行动，如多样化、垂直整合、新的市场份额拓展和剥离。操作性扭转行动则倾向于立即产生利润、成本削减或资产减少的短期战术性行动。一般认为，如果衰退来自于市场结构性转移，反应就应是战略性扭转；如果衰退原因是内部低效，公司就应采取操作性扭转。

两分法有时会误导，不能被广泛执行。为解决两分法的执行问题，Chowdhury（2002）提出了3个条件，即领域界定、范围重叠和战略轮廓。

领域界定。经营的类型决定操作性和战略性行动的适当性和效力。而且，扭转战略在不同类型的单一经营公司中也不一样，如独立的单一经营公司和母公司的单一经营单位就不一样。如资本注入是单一经营公司扭转的一个选项，处于财务困境中的独立经营公司可能并不易获取外部资金，而母公司的单一经营单位有母公司多样化经营为担保，更易获取外部资金。多样化战略对改善衰退生态有帮助。

范围重叠。很多战略处理的是多样化、垂直整合、新的市场份额拓展和剥离，只能适用于独立的公司或多样化经营公司的独立经营单元，不排除这些战略对特殊公司是适用的。即使公司领域被清晰界定，也存在战略效果的分离问题。因为战略具有流动性特征，会在空间和时间上展开，清晰分离战略或战略效果也有困难。多样化公司可以收购一个困境公司使其扭转，在被收购公司和现存公司之间具有协同效应。因为战略的依附性，公司层面战略的改变带来经营层面战略相应的改变，包括新并购的单元。这种联系涉及多层次分析。

战略轮廓。战略轮廓决定了扭转战略的选择、优先次序和执行的方式。衰退本身需要一个过程①，在每个阶段都有可能采取正确行动。衰退阶段和扭转行

---

① Weitzel和Jonssons（1989）将衰退阶段又分为5个子阶段，无视（blinded），不行动（inaction），过错行动（faulty），危机（crisis），解散（dissolution）。前面4个子阶段都可划入扭转阶段。摘自Kalle Pajunen（P. 425），comparative causal analysis in processsual strategy research：a study of causal mechanisms in organizational decline and turnarounds，Advances in Strategic Management，2005，22：415－456.

动的轮廓是很重要的。在早期阶段很容易逆转衰退，如成本削减、提高生产率。在早期阶段，这些战略也可以以不同的方式执行，如成本削减可以通过引进新技术来提高生产率。当衰退加深时，战略重心的偏移就是必要的，如进行产品和市场的调整。产品和市场可以向两个相反方向调整：（a）收缩，即从不盈利的产品和服务中撤退；（b）扩张，即通过开发或展开并购，以提高盈利和增长。收缩和扩张也可能是相互排斥和互补的。

阶段3：转换。

扭转战略效果显现需要很长时间。Schendel，Patton 和 Riggs（1976）发现盈利提升需要4—16年不等，平均需要7.7年。尽管转换需要时间，但很多研究将扭转反应与财务改善效果视为几乎同时发生的事件，他们认为扭转行动会立即产生效果。

对成功扭转，转换的时间长短也是很重要的。如果时间太短，策略还来不及提升业绩，可能将视为扭转不成功；如果时间太长，短期战略的效果可能就被长期战略效果所掩盖。

因为执行涉及宽范围的多个途径，可以依照具体情境选择一条或多条，多种物质杠杆会在这些途径中加以应用。扭转过程影响扭转结果（成功与不成功），而不是扭转内容自身。这些杠杆很多都是情境依赖型的，如资源承诺、下级单位的政策和计划、结构、奖金与人员。很多影响扭转成功的变量，有的是独立变量，有的是非独立的、依附权力和政治的，在这个阶段也要重视，如管理方式、治理结构、战略定位、行业经验、政策与计划、组织文化和高层的领导素质（Chowdhury，2002）。

阶段4：结果。

在这个阶段，业绩度量涉及扭转成功的界定，度量结果的指标一般和度量衰退的指标相同。最好是用多个度量指标，从不同角度衡量业绩。不同度量指标可以给公司更全面的快照。

Chowdhury（2002）的四阶段理论（见表5-1）试图用发展单元构成一个更全面的系统，这些发展单元被分为小事件、大事件和概念。这些单元贯穿于扭转开始到业绩恢复或解散。他相信四阶段理论能够揭示动态性和相互作用。

表 5－1　　Chowdhury（2002）四阶段扭转模型

	阶段			
	阶段 1：衰退	阶段 2：反应启动	阶段 3：转换	阶段 4：结果
关键大事件	K－型衰退	领域界定	运行时间	成功
	R－衰退	范围重叠	资源承诺	失败
	刺激	战略轮廓	下级单位政策与计划	
			公司机构	
			奖励	
			人员	
核心概念	业绩	战略	执行	业绩

5.2　酒鬼酒背景介绍及两次特别处理

很多公司都会遇到危机并采取扭转行动，本章选择酒鬼酒公司（000799. SZ）作为扭转案例有以下三方面原因：

（1）酒鬼酒公司的危机因为塑化剂事件而引发，具有窥斑见豹的效果，可以了解整个白酒行业面对突发食品安全危机采取的策略；（2）酒鬼酒公司具有我国上市公司的通病，一股独大使中小投资者的利益受损，一再发生大股东占用上市公司资源的事件；（3）酒鬼酒公司的扭转主要通过股权重组的方式，这在我国上市公司的危机扭转中具有代表性①。

5.2.1　酒鬼酒背景介绍

酒鬼酒前身是 1956 年成立的湘西土家族苗族自治州（以下简称“湘西州”）吉首酒厂，1981 年 11 月办理工商企业登记，经济性质为全民所有制，主管部门为自治州轻工业局，1989 年 8 月，吉首酒厂办理企业法人登记，领取了湘西州

① 依据《中国证券市场报》的划分标准，ST 企业的重组战略主要有资产剥离、股权转让、收购兼并、资产置换和债务重组五种。
王震（2005）统计了 1998—2000 年企业的重组情况。他发现企业的重组活动频繁，平均每家公司重组 1.26 次，并且这些公司的重组方式以股权转让和资产剥离两种战略为主，各占近 1/3，债务重组活动最少，只占 8.7%。他发现企业的当前绩效状况、资本结构、股权结构和治理结构都影响公司的重组方式选择。戴娜（2001）在研究中发现。财务困境企业通常采用资产重组战略。她认为这是因为困境企业需要通过资产重组战略来获得账面利润，以便摘掉 ST 帽子。

工商行政管理局核发的企业法人营业执照。1991 年 12 月，湘西州计划委员会下文同意吉首酿酒总厂更名为“湖南省湘西湘泉酒总厂”。1995 年 3 月，湖南省人民政府将湘泉酒总厂列为全省建立现代企业制度的试点单位，1996 年 2 月 7 日，湘泉酒总厂改组为国有独资公司，行使国有资产投资主体职能，同时更名为湖南湘泉集团有限公司。公司系 1997 年 4 月 28 日经湖南省人民政府批准，由湖南湘泉集团有限公司独家发起，以其所属湘泉酒、酒鬼酒、陶瓷等 3 家司全资改组，采取募集方式设立的股份有限公司①，从事生产经营湘泉系列白酒、酒鬼系列白酒及酒用的陶瓷、纸箱等包装物，提供印刷服务。公司 1997 年 6 月登陆深交所，向社会公开发行股票 5500 万股，股票代码为 000799。

公司结合自己的特点，对酿造工艺进行了大胆创新，使得酒鬼酒、湘泉酒在国内白酒香型中独树一帜，兼有“泸型之清香、茅型之细腻、米香之优雅”。继 1993 年双双荣获法国第七届波尔多世界酒类专业博览会金奖后，1994 年又同时荣获比利时布鲁塞尔世界酒类博览会和北京第五届亚太国际贸易博览会金奖；1995 年荣获中国质量检验协会颁发的“国产精品”证书。同年 7 月，酒鬼酒、湘泉酒还分别荣获香港世界名牌消费品博览会“世界名牌消费品”和“名牌消费品”的殊荣。酒鬼酒以其芳香馥郁的窖香、幽雅协调的酱香及醇甜柔和之风味、丰满协调之酒体、古朴高雅之包装赢得广大消费者的喜爱。

艺术大师黄永玉为酒鬼酒设计了麻袋型包装，并将其带出湖南。酒鬼酒在 1993 年市场价格就超过当时的茅台，在 1996 年营业收入就已达到 4 亿元，一度登上我国白酒行业金字塔尖。

在白酒行业中，酒鬼酒倡导文化白酒，打造文化白酒起步较早。早在 20 世纪 90 年代初便打出了“做文化酒引领者”的旗帜，以文化为媒，将白酒产业与湘西旅游产业、文化产业相结合，打造湘西文化产业的大概念。酒鬼酒集悠久的酿酒历史文化、独特的少数民族文化、神秘的地域文化、包装的艺术文化、首创的洞藏文化于一体。

5.2.2 两次特别处理

（1）第一次被特别处理。大股东湘泉集团占用大量上市公司资源，导致酒

① 见酒鬼酒（000799. SZ）招股说明书。

鬼酒经营困难。侵占资金带来的另一恶果是拖垮上市公司，酒鬼酒每股收益从1997年的最高峰0.86元跌到2002年的最低谷-0.48元（见表5-2）。

表5-2　　酒鬼酒1996—2008净利润

年份	1996	1997	1998	1999	2000	2001	2002
净利润	0.9379	1.599	1.956	1.515	0.584	1.018	-1.504
年份	2003	2004	2005	2006	2007	2008	
净利润	-0.9566	0.3179	-2.804	-2.34	0.6246	0.4116	

数据来源：上市公司年报。

在证券监管部门和当地政府的干预下，湘泉集团卖股还债。2002年9月，成功集团以3.53亿元的代价，拿到8800万股，股权占比29%，成为酒鬼酒的新东家。另外，鸿仪投资又斥资1.2亿元，以3000万股占比9.90%，成为酒鬼酒第三大股东。成功集团和鸿仪投资均为刘虹实际控股，因此，刘虹成为酒鬼酒实质第一大股东。

对于2002年、2003年的严重亏损，公司在年度报告中总结为四点：（1）第一大股东湘泉集团股份转让迟迟未获国资委批准，公司决策层和经理层处于调整和交接中，公司重组计划、管理措施和营销策略未能全面实施，导致重大亏损；（2）2003年白酒市场受非典冲击很大；（3）2002年出现严重亏损，公司在产品市场、金融市场的形象和声誉受到严重损害，经营环境、融资环境和舆论环境恶劣；（4）公司遗留的巨额不良资产、重大诉讼事项、关联应收款和关联担保在报告期内未得到有效解决。

（2）第二次特别处理。二次戴帽，则被归咎为随后的股权重组。胡润百富榜富豪刘虹通过其掌控的湖南成功集团入主酒鬼酒。不料新大股东又占用上市公司资金，成功集团实际控制人刘虹于2005年占用酒鬼酒股份公司资金4.2亿元，造成该公司上市后的最大财务黑洞并直接导致2005年亏损2.8亿元，亏损继续延续到下一年，2006年酒鬼酒亏损2.34亿元（见表5-2）。公司连续两年亏损又被特别处理ST。

公司再次发生股权转让。2007年，中糖集团旗下控股中皇有限公司以1.78亿元的代价取得酒鬼酒控股权。在中皇、中糖的渠道及资金扶持下，酒鬼酒重回正轨，出现业绩井喷，公司经过二次股权转让后业绩走势见图5-1。2011年，这家营业收入长期在5亿元之内的公司营业收入陡增到9.6亿元，2012年更是达到16.52亿元。2008—2012年，该公司的净利润分别为0.41亿元、0.58亿元、0.79亿元、1.92亿元、4.95亿元。

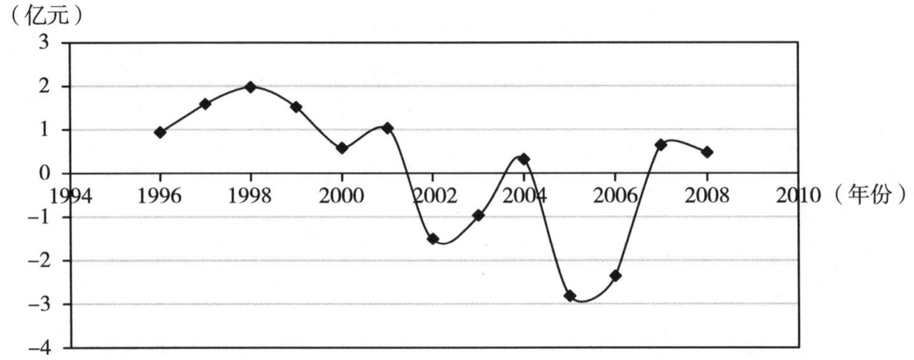

图5－1　酒鬼酒（000799.SZ）1996—2008年净利润走势

5.3　扭转过程四阶段

5.3.1　阶段1：衰退阶段

（1）危机触发。2012年11月19日，神秘投资人“水晶皇”透过21世纪网站报道[①]，经上海天祥质量技术服务有限公司检测出酒鬼酒中的塑化剂（DBP）含量为1.08mg/kg。塑化剂又称增塑剂，是工业上被广泛使用的高分子材料助剂，在塑料加工中添加这种物质，可以使其柔韧性增强，容易加工，可合法用于工业用途。塑化剂毒性比三聚氰胺危害更大，对人会造成严重的伤害。受此事件影响，白酒板块全线大跌，11月19日白酒板块市值一天蒸发329.9亿元，酒鬼酒临时停牌。

（2）危机深化。

①公司销售大幅下降，公司被特别处理。2012年的塑化剂危机以后，酒鬼酒的经营遭遇断崖式下坠。2012年一季度、二季度、三季度净利润分别为1.19

① 该投资人实际上在报道公开前18天就已经在香港拿到了酒鬼酒的塑化剂检验结果。其在白酒股下跌开始后公开对白酒股不利信息，自然引起质疑。

亿元、1.42亿元、1.97亿元，但塑化剂事件发生的第四季度，净利润只有0.3686亿元。塑化剂事件引起经销商退货潮，公司产品在全国多个城市的超市遭到下架。公司从2012年度净利润4.95亿元，直线下滑到2013年的亏损3668万元，2013年销售量下降49.02%，同比生产量下降56.09%。2014年，酒鬼酒亏损达到9747万元。公司2013年、2014年连续两年净利为负值，根据深圳证券交易所的有关规定，公司股票被深交所实行退市风险警示，其证券简称“酒鬼酒”将从2015年4月27日起被变为“*ST酒鬼”。

②公司资金被骗。2013年酒鬼酒供销有限责任公司1亿元存款非法转出。2013年11月至2014年1月，寿满江、罗光、陈沛铭、唐红星、郭贤斌以非法占有为目的，用购酒存款贴息为诱饵，骗取酒鬼酒供销有限责任公司信任，然后采取盗盖印章手段，将酒鬼酒供销有限责任公司1亿元存款非法转出并占有。

酒鬼酒公司收到所谓“回报”资金先后3次共计1940万元后，酒鬼酒分别于2013年12月9日、12月10日、12月12日3天时间里，通过网上银行，化整为零，总共分了79次，从同一公司开立在湖南的银行账户里转出1亿元资金到开立在杭州某银行的账户。

③遭遇行业危机。由酒鬼酒引发的塑化剂事件，使大众对整个白酒行业产生了不信任，在媒体上不断有报道白酒行业的塑化剂问题。2013年起政府和军队严格控制“三公消费”（出国出境费、车辆购置及运行费、公务接待费总称），白酒行业面临危机。茅台酒股价从2012月高峰183元跌到2013年12月底的近70元（向前复权）。2013年的经销商事件①也加剧了行业危机，53度飞天茅台价格超过2500元一瓶，过度囤积和炒作加上严控“三公”消费、白酒塑化剂事件等利空不断引起白酒价格雪崩式下跌。

（3）危机原因。酒鬼酒衰退既有K型衰退：公众对整个白酒行业产生了不信任，加重了公司的衰退；也有R型衰退：公司质量管理出现问题，导致白酒塑化剂超标。公司财务管理混乱，导致资金被骗。以公司被特别处理达到衰退的最低点，公司面临生存危机（见图5-2）。

---

① 经销商对于收割利润过于贪婪，价格的持续上涨必然引发大量的囤积性需求和炒作性需求，囤积性和炒作性需求又将进一步推升价格，当价格高到某一个水平，虚幻的上涨无以为继后，必然引发崩溃式下跌，如此又一场没有任何赢家的危机再次爆发，最终受罪的还是经销商。

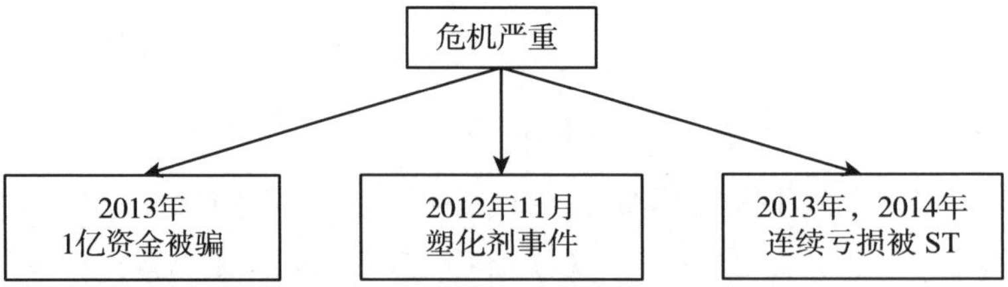

图5-2　酒鬼酒股份公司危机程度

5.3.2　阶段2：反应启动

在这个阶段，领域界定、范围重叠和扭转轮廓这些事件具有流动性特征，操作性扭转行动和战略性扭转行动要与衰退的类型结合。在现实生活中，阶段2战略形成阶段和后面的执行阶段3很难绝对分开，往往是同时进行的（Chowdhury，2002）。因为战略要在时间和空间上展开，所以战略的形成和实施有短暂的时滞。公司要建立质量控制系统，需要对人员进行培训，购买国外先进检测设备。公司花费了3年时间，建立了杜绝再出现任何差错的质量控制系统。在第二阶段制定的战略可能在第三阶段实施时还需要进行调整，根据环境形成新战略，有一个反复的过程。所以阶段2和阶段3只能有模糊的界线。

在外部压力下，包括铺天盖地的公司塑化剂负面新闻的报道、国家质监局、省州多个部门（质量监督部门、卫生部门、工商行政部门）迅速做出回应并派员现场调查、因为公司股价暴跌引起的股东的愤怒、银行部门处于资产安全的关注等各方压力促使管理部门必须向利益相关者有个清晰的交代。领域界定被检测出塑化剂超标的是50度酒鬼酒，但由于公司同时生产多个产品，使用相同生产工具和包装材料，可能其他产品也存在塑化剂问题，公司进行操作性扭转和战略性扭转必然存在着范围重叠，从更全面、更高的角度处理好这个问题，需要确定战略轮廓。战略轮廓决定了扭转战略的选择、优先次序和执行的方式。公司采取了操作性行动和战略性行动，分别从短期和长期的角度解决问题。

（1）操作性行动。

①请权威部门调查，安抚公众情绪。2012年11月20日，湘西州质监局对酒鬼酒进行执法检查，没有发现人为添加塑化剂行为。2012年11月21

日，酒鬼酒发表声明称，50度酒鬼酒被检测出DBP最高值1.04mg/kg。经国家质检总局、卫生部、国家食品安全风险评估中心3个权威部门认定，根据国际通用风险评估方法和欧洲食品安全局推荐的人体可以耐受摄入量，按照我国人均预期寿命，在适量的情况下，不会对健康造成损害，可以放心饮用。

公司严格按照省、州质检部门要求，对生产过程中的每个环节进行排查和整改，对可能导致酒中塑化剂感染、迁移的工具、包装材料、设备、设施进行全面更换，彻底消除源头。截至2012年11月30日，整改工作已全面完成，2012年12月3日恢复包装生产。

12月4日，湖南省及湘西自治州质检部门再次来到酒鬼酒厂区检查，表示“满意整改”。

2012年12月5日，酒鬼酒执行董事、总经理夏心国公开致歉。塑化剂风波对酒鬼酒的品牌、销售、股价以及经销商都造成冲击。

②公司采取行动，加强生产质量管理。酒鬼酒投入2000万元用于技术改造，并新购国际先进检测设备，在每一瓶酒鬼酒出厂前，必须通过这道检测。建立权威质检机制，培训质量监督员，30名员工成为合格的专门质量监督员。

③更换管理层和引进有实力大股东。2013年2月，董事长王新国却突然请辞，由赵公微接掌帅印，同时请辞的还有董事、副总经理王俊及监事陈芳。在公司管理层变更后，公司经营还未根本好转，2013年、2014年连续两年亏损，被特别处理，危及上市资格。在中国，公司上市的光环具有巨大的价值，即“壳资源”就是上市资格。公司上市不仅可以以股权融资，而且有利于今后的债务融资，银行可以以股权为抵押放心放贷。上市公司还有广告效应，使更多人知晓公司和关心其产品。上市公司的数量也是地方政府的政绩，可以为地方带来资金、税收、就业等诸多好处，所以中国地方政府尤其关心上市公司，这与国外很不一样。

在公司受塑化剂事件打击，公司经营陷入低谷，特别是被特别处理后，湘西州积极推动有实力大股东入驻酒鬼酒。2014年11月26日晚，国资委网站发布公告称：经报国务院批准，中国华孚贸易——作为酒鬼酒大股东的华孚发展集团公司（以下简称“华孚”）整体并入中粮集团，成为其全资子企业。华孚不再作为国资委直接监管的企业①。2014 年，中粮成为酒鬼酒实际控制人。

在中粮入主酒鬼酒后，酒鬼酒也随之被划拨到中粮集团旗下上市公司中国食品进行管理。2015 年 12 月，原酒鬼酒分管销售的董事、副总经理郝刚辞职，副总经理范震也辞职离开酒鬼酒。2016 年酒鬼酒开始大规模人事调整，2016 年 1 月13 日，原董事长赵公微因年龄原因辞去所有职务，沈树忠辞去董事及其他所有职务。2016 年 1 月，选举夏心国为公司副董事长、聘任董顺钢为总经理、李明为副总经理。2 月，酒鬼酒召开董事会，选举江国金为公司第六届董事会董事长。

上述4 人皆为中粮背景，董事长人选尘埃落定，标志着酒鬼酒的核心领导职位已基本为中粮系人马接管。同时，原酒鬼酒领导班子因退休、个人原因离职，在中粮拿下酒鬼酒不到1 年的时间里，共计有6 位高管出现人事变动。

2018 年6 月，中粮集团将下属间接100%控股的中糖物流和中糖华丰分别持有的中皇公司34. 92%股权和15. 08%股权，划转至中粮酒业。划转完成后，中粮酒业将直接持有中皇公司50%股权，并通过中皇公司间接控制酒鬼酒31%的权益。此次股份变更，标志着中粮酒业正式将酒鬼酒收编。背靠着中粮集团，截至2018 年底，酒鬼酒成为酒类行业唯一一家具有央企背景的上市公司。

④破产亏损分支机构。2017 年5 月19 日，酒鬼酒公告显示，公司董事会审议通过了《关于酒鬼酒供销有限责任公司控股子公司申请破产重整的议案》，同意对酒鬼酒供销有限责任公司控股子公司酒鬼酒河南有限责任公司、酒鬼酒河南北方基地销售有限公司依法进行破产重整。

根据酒鬼酒申请破产时公布的数据，2017 年第一季度酒鬼酒河南有限责任公司总资产为8273 万元，负债8714 万元；酒鬼酒河南北方基地销售有限公司总资产为1215. 4 万元，负债3006 万元，均已资不抵债。宣告破产，

① 中粮集团通过2014 年并入中国华孚贸易而控制中皇有限公司，从而间接控制酒鬼酒。中皇有限公司实际上2006 年就已经是酒鬼酒第一大股东。2006 年12 月15 日，湖南湘泉集团有限公司持有的本公司7780 万股和上海鸿仪投资发展有限公司持有的本公司3000 万股，共计10780 万股被公开整体拍卖。通过上述拍卖，中皇有限公司拍得7143. 4 万股，占股本总数的23. 57%；中国长城资产管理公司拍得3636. 6 万股，占股本总数的12%。2007 年1 月5 日，中皇有限公司分别与珠海市丰钿节电器有限公司和上海浦东发展银行广州分行签署了股权转让协议，中皇有限公司分别受让珠海市丰钿节电器有限公司持有的本公司法人股700 万股和上海浦东发展银行广州分行持有的本公司法人股3100 万股。上述司法拍卖和股权转让行为完成后，中皇有限公司持有公司10943. 40 万股，占股本总数的36. 11%，成为公司第一大股东，中国长城资产管理公司持有3636. 60 万股，占股本总数的12%。

这也意味着上述2家公司结束了近两年的破产历程，也甩掉了资不抵债的包袱。

（2）战略性行动。

①市场营销方面，公司由渠道推动向终端推动转变，建立总部与片区双向互动体制、市场与销售双轮驱动机制，积极应对市场挑战，推动市场深度分销体系建设，完善湘泉品牌营销策略，瞄准腰部产品和大众消费产品，积极开发新产品。加强市场管理，采取措施，稳定主导核心品牌价格，规范价格体系。调整客户结构，完善客户信用体系建设，培育长期稳定的客户群体，启动公司与经销商共同发展计划。启动电商系统，通过建立天猫旗舰店，确立网络销售价格体系。探索联合营销新模式，进行跨行业联合营销。

②产品方面，调整公司产品结构，健全品种和价格体系，加大中低端产品的开发投入，开发了T6、T3“酒鬼老坛”，“彩陶湘泉”中低端产品。“酒鬼老坛”还荣获中国白酒国家评委感官质量奖。在央视主推“酒鬼老坛”酒，在湖南卫视主推酒鬼酒和湘泉酒。

③生产环节方面，推进质量管理、环境管理、职业健康安全管理、食品安全管理，加大质检设备投入，公司与质量监督机构进行战略合作，稳步实施质量诚信工程，重点抓好基酒质量、原料质量、成品质量三大关键点控制。通过权威检测、现代设备、标准管理和专业队伍保证产品质量安全。

④公司内部管理方面，严格控制成本费用，加强财务预算和财务管理，修订了《内部控制制度手册（2013版）》，聘请专业咨询公司完成了“一体化危机防范与治理流程框架体系”以及“生产定额与人力资源薪酬绩效体系优化”咨询项目，进一步优化组织结构。

⑤提高员工技能方面，公司组织培训活动，包括到安徽、四川实地考察，学习徽酒、川酒运作理念与思路。与复旦大学联合开办“新锐”商学院C三班，提高中层管理人员现代企业管理水平。

5.3.3　阶段3：转换

公司扭转行动包括更换管理层，业务领域变化，采取了紧缩（产品，人员），技术提升，成本削减，人力资源开发（重新分派工作、培训），社会干预，法律行动（追回被骗资金），利用冗余资源（见图5-3）。

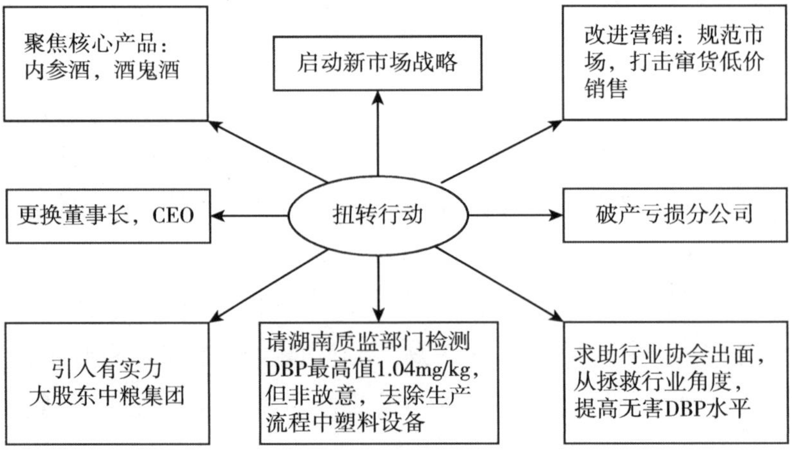

图5－3　酒鬼酒公司的扭转行动

公司扭转是一个过程，从2012年11月19日塑化剂事件曝光后开始，公司直到2018年一直在为恢复到危机前水平而采取行动，2016年公司摘掉了ST的帽子，表明公司恢复了盈利能力。所采用的物质杠杆包括资源承诺、奖金、政策、公司结构、公司人员的变动。充分调动人、财、物、信息以保证战略按计划实施（Chowdhury，2002）。

公司根据原来的经验，认为处于危机阶段时，空降新领导层对公司可能并不合适。在无法控制的外部原因，特别在政治变化或行业衰退期间，保留管理层可能更适合（Eisfeldt and Kuhnen，2013）。公司2009年也曾聘任了原五粮液的杰出CEO徐可强出任酒鬼酒总经理①，徐可强任五粮液总经理期间，五粮液股份公司高速发展。但由于新CEO理念与地方政府和大股东不合，2010年徐可强就辞职离开酒鬼酒。所以公司危机发生后，保留了原来的管理团队，2012年11月塑化剂爆发，直到2013年2月，董事长王新国才请辞，由赵公微接掌帅印。2014年，中粮成为酒鬼酒实际控制人，2016年才正式换上中粮的高管团队。

在执行阶段，管理模式、治理结构、高管的专长都会影响物质杠杆的作用。在公司扭转的过程中，最重要的是恢复公众对公司产品的信心和恢复公司盈利

① 2009年2月，徐可强辞去五粮液总经理一职，出任酒鬼酒总经理。此前，贵州茅台董事长季克良、五粮液董事长王国春与徐可强是白酒业著名的“三个火枪手”。在徐可强任职的一年中，酒鬼酒实现了业绩的显著增长，据其2010年报，2009年实现营收3.65亿元，较上年增长11.76%；净利润5848万元，同比增42.07%。但2010年4月，总经理徐可强、常务副总经理韩经纬、副总经理曾盛全提出辞职。知情人士透露，3位高管并不是因为经营业绩问题而提出辞职，而是因为与董事会的经营理念出现分歧。

能力。所以公司动员行业内其他公司促请各级政府相关部门发表讲话，从保护中国传统白酒行业的角度，安抚和减轻恐慌情绪。同时，引进新设备，建立新质量控制系统，让公众相信不会再发生差错。同时，调动终端销售的积极性，鉴于公司曝光产品是高端的50度酒鬼酒，公司危机后主推了低端的湘泉酒，使公司现金流能够持续，这个阶段生存是主要任务。后来，随着公司信任的恢复，公司将盈利放在了首位，2017年开始，公司又强化了利润更丰厚的高端酒营销。

通过利用冗余资源，启动新投资是带动公司脱离衰退的重要举措。公司2011年10月26日增发的4.39亿元资金①，在公司处于困境时，对帮助公司摆脱困境起到了关键作用②。所以冗余资源也是公司脱困的重要影响因素。在公司因塑化剂陷入极度苦难时期，公司利用原来募集资金先后完成了"锅炉房改扩建"工程、"配套仓储物流区"工程、"污水处理站技改"工程、"露天储酒罐"工程等项目建设，修建长沙综合办公大楼，为公司的再度起飞奠定了基础。

公司在稳定下来后，为保证产品的可信度和维持高利润率的需要，展开了打击窜货③行动。酒鬼酒旗下"湖南红坛酒鬼酒销售商联盟委员会"于2018年2月26日下文整顿市场秩序。这也是中粮全面执掌酒鬼酒后，第一次公开的市场操作。该通知内容显示，为维护红坛经销商共同的利润，在湖南全境、全渠道打击低价倾销行为，酒鬼酒公司以销售价格低于280元/瓶收货。凡是低于280元/瓶销售的经销商，公司取消2015年所有奖励以及2016年合作资格。各片区经理为整顿工作第一责任人，如所属区域经销商低价倾销，片区经理及红坛专员直接降级处理，严重者就地免职。

另外，通过提高知名度来开拓市场，达到重回高端酒第一方阵的目标。在"文化酒鬼"指引下，酒鬼酒通过冠名央视财经频道"对话"栏目、亮相达沃斯

---

① 本次非公开发行共向7名发行对象合计发行21878980股，最终发行价格为20.10元/股。该等股份于2011年10月26日在中国证券登记结算有限责任公司深圳分公司完成登记托管手续，于2011年11月2日在深圳证券交易所上市。本次发行募集资金总额为439767498.00元。

② 2014年本公司将"营销网络建设项目"拟投入募集资金余款全部变更为永久补充流动资金，主要用作销售流动资金，变更为永久补充流动资金后，不进行证券投资等高风险投资。上述募集资金用于永久补充流动资金，不会影响其他募集资金投资项目的正常实施。2015年本公司将"基酒分级储存及包装中心技改工程项目"尚未投入使用的募集资金全部纳入在建的"酒鬼酒配套仓储物流区"项目资金使用计划，有利于优化原技改项目的实施目的，有利于节约成本，有利于提高募集资金使用效率。截止2015年12月31日，公司募集资金账户余额2757.49万元，公司本期使用募集资金3279.82万元。

③ 窜货是指经销商置经销协议和制造商长期利益于不顾，进行产品跨地区降价销售。窜货是商业行为，其目的是盈利。经销商跨过自身覆盖的销售区域而进行的有意识的销售就是窜货。也称为冲货。是经商网络中的公司分支机构或中间商受利益驱动，把所经销的产品跨区域销售，造成市场倾轧、价格混乱，严重影响厂商声誉的恶性营销现象。

世界经济论坛、亮相G20峰会、成立内参诗酒文化社以及参与湘菜湘酒庆典等活动，使酒鬼酒企业形象、品牌形象和文化内涵得以高度提升。

2018年，酒鬼酒9次登上国宴、G20、达沃斯，两次到访了联合国机构；CCTV硬广覆盖12个精品节目，约触达7.6亿人次。经过大力营销，酒鬼酒财务数据抢眼，战略单品大增，核心网点取得突破性增长，同比增长约35%。

5.3.4 阶段4：扭转结果

公司经过扭转行动，生产、增长、资源、人力资源开发、稳定性、内部控制等方面均取得了很大进步。通过建立高标准生产和质量监督体系，逐渐摆脱了公司负面形象，公司新产品开发、新市场开拓卓有成效，公司连续几年盈利，成功摘帽ST，稳步迈向新高度。

（1）成功摘帽ST。公司于2016年4月7日向深圳证券交易所提交了关于撤销公司股票交易退市风险警示的申请。获得深圳证券交易所核准，公司股票被撤销“退市风险警示”，公司股票简称由“*ST酒鬼”变更为“酒鬼酒”，股票交易日涨跌幅度限制恢复为10%，证券代码不变。摘帽可谓公司扭转行动取得部分成功（Moulton and Thomas，1993）。

（2）公司业绩持续3年增长。由表5-3可见，公司2012年利润达到高峰后，因为塑化剂事件，公司财务状况迅速恶化，因2013年和2014年连续两年亏损被特别处理。但在中粮集团入驻后，从2015年开始扭亏，利润随后几年保持稳定增长，见图5-4。

表5-3　　公司2009—2018年利润（单位：亿元）

年份	2009	2010	2011	2012	2013	2014	2015	2016	2017	2018
净利润（亿）	0.5848	0.249	1.72	4.9	-0.367	-0.975	0.74	0.97	1.76	2.28

资料来源：上市公司年报。

（3）公司雄心勃勃迈向新高度。在2019年3月底举行的成都春季糖酒会上，酒鬼酒发声要重回2000年前后“中国高端白酒”时代的辉煌。近年来，酒鬼酒不断推出内参等高端新品，试图借此重回白酒第一梯队。酒鬼酒股份有限公司总经理董顺钢在发布会上表示，酒鬼酒目前主推单品中，最高端的就是“内参酒”，次高端的是“红坛酒鬼”以及“传承酒鬼”。董顺刚表示，今年整

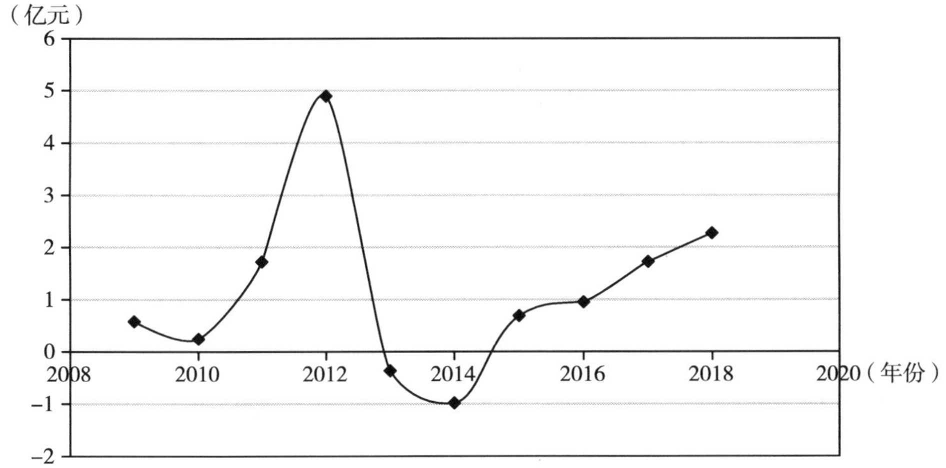

图 5-4　酒鬼酒利润变化情况（2008—2018）

体战略为按照以文化酒鬼酒作为核心，以馥郁酒鬼、生态酒鬼作为支撑，以中国馥郁香型作为战略定位，以中国文化酒的引领者作为战略使命。酒鬼酒的工艺叫 523，即 5 种粮食，2 种工艺，3 种香型。酒鬼酒未来所打造的目标为近期目标 30 亿元，中期目标 50 亿元，长远目标 100 亿元。

在此基础上，酒鬼酒股份有限公司副总经理、酒鬼酒供销有限责任公司总经理李明提出了酒鬼酒 2019 年营销工作主题：2019 年是酒鬼酒的终端发展年，也是加速提升年！酒鬼酒的营销工作将立足终端、夯实基础、迈向持续发展新征程。

做品质好酒，做创新好酒，做文化名酒。作为中国文化白酒的引领者，酒鬼酒必将成为高端市场的“新势力”。

5.4　总结与建议

5.4.1　总结

（1）扭转过程四阶段，即衰退、反应启动、转换和结果。从动态和依存性角度解释了扭转过程。

（2）酒鬼酒股份公司衰退类型包括 R 型与 K 型，R 型衰退包括媒体负面报道、管理层非市场化选择、公司生产流程、质量控制、财务管理漏洞较多，以及公司历史上两次发生大股东占用上市公司资金。K 型衰退包括遭遇行业下降。公司在由“塑化剂事件”触发生存危机，又被第三次特别处理 ST 后，公司制定了危机应对措施，并进行了操作性和战略性扭转行动，最后成功扭转，摆脱了公司负面形象，成功摘帽 ST，业绩连续 3 年增长，并有望攀越历史新高峰。

5.4.2 政策建议

（1）我国大股东占用上市公司资源已经产生了严重的问题，导致上市公司业绩恶化，影响了证券市场稳定。酒鬼酒上市以来遭遇三次特别处理，有两次都是由大股东占用上市公司资金造成。我国大股东占用上市公司资金是多年未解决的老问题，必须尽快解决这一顽疾，否则会引发系统性金融风险。

La Porta et al.（1999）发现，除投资者保护比较完善的几个国家以外，大多数国家的股权结构比较集中，公司的控制权往往掌握在大股东手里。我国大股东股权占比平均为 40%。拥有控制权的大股东有动机及能力以牺牲中小股东利益为代价创造私有利益（Shleifer and Vishny，1997）。大股东占用上市公司资源通过 3 种方式，即利用关联交易、利用资金往来和利用上市公司信用为其担保。曾风光一时、号称亚洲最大烤鳗企业的粤金曼在 2001 年 6 月成为深市第一家退市的上市公司，退市的罪魁祸首就是大股东占款，该公司被大股东占用资金 10.12 亿元，创下当时沪、深两市之最。*ST 猴王大股东猴王集团自 1996 年开始占用上市公司*ST 猴王资金，累计近 10 亿元，2001 年 2 月猴王集团宣告破产，其拖欠上市公司近 10 亿元的债权化为乌有，*ST 猴王因此深陷财务困境，于 2005 年 9 月退市。

2002 年底，中国证监会曾普查 1175 家上市公司，发现有 676 家公司存在大股东占款现象，占款总额为 967 亿元。深交所统计，截至 2003 年底，深市 506 家上市公司中，317 家公司存在大股东占款问题，总发生额 1580 亿元，其中非经营性占款超过 430 亿元。

从 2019 年爆发的大股东占用上市公司资源导致上市公司困境的案例来看，大股东占用上市公司资源与原来相比，已经有过之而无不及。康得新被占用 150

亿元[①]，康美药业被占用资金88亿元[②]，ST保千里被占用67亿元[③]。

2018年以来，一些被市场视为白马股的股票如康得新、康美药业因为大股东占款，导致公司经营恶化，股价呈现崩盘走势。股民损失巨大，影响证券市场稳定。

对大股东占款问题进行专项监管已迫在眉睫，并将此作为提高上市公司质量、保护投资者合法权益的重要措施。比如，要严禁大股东违规占款，就需建立大股东占款的监管机制，以及在财务报表上对大股东占款问题进行单列处理。要对大股东占款进行问责，包括追究占用资金大股东的行政责任、民事责任和刑事责任。对占用上市公司资源的处罚，成熟资本市场都是很严厉的，美国、英国、香港特别行政区都对资金占用方追究其刑事责任。2004年，创维数码（0751. HK）董事局主席因造假账挪用上市公司资金被判有期徒刑6年。而我国A股市场，对占用上市公司资源处罚太宽松，甚至占用资金方采用赖账应对。因此，我国必须尽快改变普遍存在的大股东占款问题，保护上市公司的健康运转，加强保护小股东权益。

（2）我国企业CEO任命非市场化，导致CEO更换这一国外经常使用的扭转战略不能实施。Bibeault（1982）根据所研究的样本，认为管理层控制不当导致衰退占衰退总量的52%。因此，自由选择胜任的管理层是我国企业扭转中必须要解决的问题。

附：　　　　　　　　　酒鬼酒发展历程

年份	公司主要事件
1956	湘西州第一家作坊酒厂吉首酒厂成立。
1977	创立“湘泉”品牌。
1978	酿造生产第一瓶湘泉酒。
1983	黄永玉设计湘泉酒瓶，独特新装湘泉上市。

① 2019年1月20日深夜，康得新终于发公告承认公司存在被大股东占用资金的情况。而在1月22日召开的康得新债权人会议上，公司董事长钟玉就150亿资金的去向问题作出解释，其中有近100亿的资金被挪用做碳纤维业务，另外50亿的货币资金因为受限而无法挪用。钟玉还表示，上市公司的钱还被拿去用于股票质押补仓。

② 康美药业的资金，不断被大股东的关联企业占用。截至2018年底，康美药业有超过88亿元的资金被占用，其中均是应收大股东及其关联方的非经营性往来款。

③ ST保千里借壳上市时虚增巨额资产，成功借壳后实控人庄敏通过对外投资等方式侵占上市公司资金67亿元，公司已严重资不抵债。

续表

年份	公司主要事件
1985	更名为湘西吉首酿酒总厂，创立“酒鬼酒”品牌。
1987	黄永玉大师回乡为公司设计酒鬼酒。
1992	更名为湘西湘泉酒总厂，跻身国家大型企业。
1995	被评为国产精品和世界名牌消费品。
1996	改制为湖南湘泉集团有限公司，成为湖南省 50 家最早进行现代企业制度改革的企业之一。
1997	由湘泉集团独家发起创立酒鬼酒股份有限公司，在深圳证券交易所上市。股票代码：000799。
2000	被国家工商行政管理局授予中国驰名商标称号。
2001	成为全国五大畅销白酒品牌。
2002	入选中国十大文化名酒。
2004	成功集团一月正式入驻，酒鬼酒公司成功推出“内参”产品。第一次被特别处理 ST。
2004	黄永玉大师为公司设计内参酒。
2005	确立中国馥郁香型白酒。
2007	酒鬼酒馥郁香型得到国家鉴定和认定；全面完成改制重组，中皇有限公司成为公司控股股东。再度被 ST。
2008	酒鬼酒荣获“中华人民共和国地理标志保护产品”。国家工商局正式批准“内参”商标。
2008	黄永玉大师为公司设计完成洞藏酒鬼酒。
2008	酒鬼酒公司成功举办“酒鬼洞藏酒启封大典”；同年酒鬼酒荣获“中华人民共和国地理标志保护产品”称号。 洞藏文化酒作为国礼赠送给第七任奥委会主席萨马兰奇、第八任奥委会主席罗格。
2009	酒鬼封坛年份系列产品成功上市。内参酒开始悄然流行于国内高端政务商务消费圈。
2010	获得“中国白酒申请国家暨世界非物质文化遗产发起人”荣誉称号。
2011	公司现代化包装中心投产，成为湖南省规模最大的包装基地。
2011	年包装能力达 2 万吨的 9 条自动化灌装生产线于 11 月 29 日竣工投产，成为湖南省规模最大的包装基地。
2012	“湘泉”荣获“中国驰名商标”。2012 年 11 月被报道酒中含超标塑化剂。
2013	公司获 2012 年度“湖南省省长质量奖”。
2013	在“华尊杯”品牌价值评议活动中，酒鬼酒品牌价值达 81.15 亿元。
2014	华孚集团并入中粮集团后，酒鬼酒成为中粮集团成员企业。

续表

年份	公司主要事件
2015	因连续两年亏损被特别处理（ST）。中粮集团全面接管酒鬼，酒鬼公司迎来发展新机遇。
2016	被撤销特别处理（ST）。
2018	“华樽杯”评定酒鬼酒品牌价值 297.7 亿元。冠名中央电视台财经频道《对话》栏目、体育频道《直播周末》。
2019	发声要重回 90 年代末期 20 世纪初“中国高端白酒”时代的辉煌。近期目标 30 亿元，中期目标 50 亿元，长远目标 100 亿元。

资料来源：根据酒鬼酒公司网站 http：//www. jiuguijiu000799. com/整理。

附录1　第4章所用样本公司名单

序号	样本公司股票代码	
	扭转成功公司股票代码	继续衰退公司股票代码
1	000004. SZ	000020. SZ
2	000408. SZ	600680. SH
3	000425. SZ	600698. SH
4	600746. SH	600800. SH
5	600771. SH	600815. SH
6	000635. SZ	600847. SH
7	000723. SZ	900930. SH
8	600075. SH	000584. SZ
9	000066. SZ	600720. SH
10	000795. SZ	000410. SZ
11	000790. SZ	000420. SZ
12	000878. SZ	000422. SZ
13	000822. SZ	600733. SH
14	600178. SH	000659. SZ
15	000935. SZ	000702. SZ
16	600277. SH	000707. SZ
17	000985. SZ	000737. SZ
18	600346. SH	900946. SH
19	600590. SH	000755. SZ
20	600516. SH	600084. SH
21	600031. SH	000816. SZ
22	600997. SH	600139. SH

续表

序号	样本公司股票代码	
	扭转成功公司股票代码	继续衰退公司股票代码
23	600966. SH	000803. SZ
24	002006. SZ	600199. SH
25	002075. SZ	600189. SH
26	002097. SZ	600198. SH
27	002105. SZ	600228. SH
28	601002. SH	000908. SZ
29	002110. SZ	600206. SH
30	002114. SZ	600202. SH
31	002118. SZ	000922. SZ
32	002119. SZ	000953. SZ
33	002301. SZ	600238. SH
34	002386. SZ	000972. SZ
35	300089. SZ	600423. SH
36	601717. SH	600429. SH
37	002466. SZ	600184. SH
38	002513. SZ	600421. SH
39	002534. SZ	002005. SZ
40	002645. SZ	002011. SZ

序号	经营不稳定公司股票代码	序号	经营不稳定公司股票代码
1	000016. SZ	41	600112. SH
2	000019. SZ	42	000898. SZ
3	600636. SH	43	600126. SH
4	600671. SH	44	600137. SH
5	000518. SZ	45	600127. SH
6	600689. SH	46	000856. SZ
7	900918. SH	47	600186. SH
8	900922. SH	48	000881. SZ

续表

序号	经营不稳定公司股票代码	序号	经营不稳定公司股票代码
9	600802. SH	49	000831. SZ
10	600808. SH	50	000837. SZ
11	600819. SH	51	000825. SZ
12	600860. SH	52	000877. SZ
13	600866. SH	53	600146. SH
14	600877. SH	54	000930. SZ
15	600876. SH	55	000932. SZ
16	600881. SH	56	000933. SZ
17	600882. SH	57	000955. SZ
18	000595. SZ	58	000959. SZ
19	000597. SZ	59	000962. SZ
20	000401. SZ	60	000960. SZ
21	600725. SH	61	600230. SH
22	600740. SH	62	600234. SH
23	000611. SZ	63	600235. SH
24	600760. SH	64	000982. SZ
25	000622. SZ	65	600275. SH
26	600768. SH	66	600282. SH
27	000633. SZ	67	000157. SZ
28	000678. SZ	68	600281. SH
29	000680. SZ	69	600307. SH
30	600792. SH	70	600010. SH
31	600793. SH	71	600319. SH
32	000687. SZ	72	600528. SH
33	000717. SZ	73	600569. SH
34	000727. SZ	74	600596. SH
35	000779. SZ	75	600456. SH
36	000760. SZ	76	600355. SH
37	600103. SH	77	600595. SH
38	600117. SH	78	600581. SH
39	900951. SH	79	600375. SH
40	600132. SH	80	600425. SH

附录2 A股市场关于主动退市与强制退市规定

主动退市包括7种相对应的情形。一是，上市公司在履行必要的决策程序后，主动向证券交易所提出申请，撤回其股票在该交易所的交易，并决定不再在交易所交易。二是，上市公司在履行必要的决策程序后，主动向证券交易所提出申请，撤回其股票在该交易所的交易，并转而申请在其他交易场所交易或者转让。三是，上市公司向所有股东发出回购全部股份或者部分股份的要约，导致公司股本总额、股权分布等发生变化不再具备上市条件，其股票按照证券交易所规则退出市场交易。四是，上市公司股东向所有其他股东发出收购全部股份或者部分股份的要约，导致公司股本总额、股权分布等发生变化不再具备上市条件，其股票按照证券交易所规则退出市场交易。五是，除上市公司股东外的其他收购人向所有股东发出收购全部股份或者部分股份的要约，导致公司股本总额、股权分布等发生变化不再具备上市条件，其股票按照证券交易所规则退出市场交易。六是，上市公司因新设合并或者吸收合并，不再具有独立主体资格并被注销，其股票按照证券交易所规则退出市场交易。七是，上市公司股东大会决议解散，其股票按照证券交易所规则退出市场交易。

在强制退市的17种情形中，可分为四类，一类就是重大违法被退市，即强制退市第一条：上市公司因构成证券交易所认定的欺诈发行、重大信息披露违法或者其他重大违法行为而暂停上市，被证券交易所依据其有关规则作出终止公司股票上市交易的决定。

二类，是包括交易类未能达到条件，上市公司的股本总额、公众持股比例、股票成交量甚至股价，都可以导致公司被强制退市。所对应的几种情形是：（1）上市公司股本总额发生变化不再具备上市条件，且在证券交易所规定的期限内仍不能达到上市条件；（2）上市公司社会公众持股比例不足公司股份总数的25%，或者公司股本总额超过4亿元，社会公众持股比例不足公司股份总数的 10%，且在证券交易所规定的期限内仍不能达到上市条件；（3）上市公司股票在一定期限内累计成交量低于证券交易所规定的最低限额；（4）上市公司股票连续 20 个交易日（不含停牌交易日）每日股票收盘价均低于股票面值。

三类，财务类指标不达要求所导致的强制退市情形更多：（1）上市公司因净利润、净资产、营业收入、审计意见类型或者追溯重述后的净利润、净资产、营业收入等触及规定标准，其股票被暂停上市后，公司披露的最近一个会计年度经审计的财务会计报告显示扣除非经常性损益前、后的净利润孰低者为负值；（2）上市公司因净利润、净资产、营业收入、审计意见类型或者追溯重述后的净利润、净资产、营业收入等触及规定标准，其股票被暂停上市后，公司披露的最近一个会计年度经审计的财务会计报告显示期末净资产为负值；（3）上市公司因净利润、净资产、营业收入、审计意见类型或者追溯重述后的净利润、净资产、营业收入等触及规定标准，其股票被暂停上市后，公司披露的最近一个会计年度经审计的财务会计报告显示营业收入低于证券交易所规定数额；（4）上市公司因净利润、净资产、营业收入、审计意见类型或者追溯重述后的净利润、净资产、营业收入等触及规定标准，其股票被暂停上市后，公司披露的最近一个会计年度经审计的财务会计报告被会计师事务所出具否定意见、无法表示意见或者保留意见；（5）上市公司在证券交易所规定期限内，未改正财务会计报告中的重大差错或者虚假记载；（6）法定期限届满后，上市公司在证券交易所规定的期限内，依然未能披露年度报告或者半年度报告；（7）上市公司因净利润、净资产、营业收入、审计意见类型或者追溯重述后的净利润、净资产、营业收入等触及规定标准，其股票被暂停上市，不能在法定期限内披露最近一个会计年度的年度报告。

四类，其他情形，包括被暂停上市后仍不达要求等：（1）上市公司股票被暂停上市后在规定期限内未提出恢复上市申请；（2）上市公司股票被暂停上市后其向交易所提交的恢复上市申请材料不全且逾期未补充；（3）上市公司股票被暂停上市后其恢复上市申请未获证券交易所同意；（4）上市公司被法院宣告破产；（5）证券交易所规定的其他情形。

参考文献

[1] Altman, E I.. Financial Ratios, Discriminant Analysis and the Prediction of Corporate Bankruptcy, Journal of Finance, 1968, 23: 589 – 609.

[2] Altman, E., Haldeman, R., and Narayanan, P.. ZETA Analysis: A New Model to Identify Bankruptcy Risk of Corporations. Journal of Banking and Finance, 1977, 6: 58 – 69.

[3] Altman, E., Marco, G., and Varetto, F.. Corporate Distress Diagnosis: Comparisons Using Linear Discriminant Analysis and Neural Networks (the Italian experience), Journal of Banking and Finance, 1994, 18: 505 – 529.

[4] Altman, Edward I.. A Further Empirical Investigation of the Bankruptcy Cost Question. Journal of Finance, 1984, 39: 1069 – 1089.

[5] Altman, Edward I.. Corporate Financial Distress and Bankruptcy. NewYork: John Wiley & Sons, Inc. 1993.

[6] Altman, Edward I.. Prediction Financial Distress of Companies: Revisiting the Z Score and Zeta Models, Journal of Finance, 2000, 59: 69 – 108.

[7] Altman, Edward I., and Hotchkiss, Edith. Corporate Financial Distress and Bankruptcy (third edition). John Wiley & Sons Inc, New York. 2005.

[8] Arogyaswamy, K., Barker III, V. L., and Yasai – Ardekani, M.. Firm turnarounds: An integrative two stage model. Journal of Management Studies, 1995, 32: 493 – 525.

[9] Aziz, M. A., and Dar, H. A.. Predicting Corporate Bankruptcy: Where We Stand? Corporate Governance, 2006, 1: 18 – 33.

[10] Back, B., Laitinen, T., and Kaisa, S.. Choosing Bankruptcy Predictors: Using Discriminant Analysis, Analysis, and Genetic Algorithms. Turku Centre for Computer Science Technical Report, 1996, 40: 1 – 17.

[11] Banks, William J., and Prakash, L.. On the Performance of Linear Pro-

gramming Heuristics Applied on a Quadratic Transformation in the Classification Problem. European Journal of Operational Research, 1994, 23: 23 –28.

[12] Barker III, V. L., and Duhaime, I. M.. Strategic Change in The Turnaround Process: Theory and Empirical Evidence. Strategic Management Journal, 1997, 18: 13 –38.

[13] Barniv, R., Agarwal, A., and Leach, R.. Predicting the Outcome Following Bankruptcy Filing: A Three – state Classification Using Neural Networks. Intelligent Systems in Accounting. Finance and Management, 1997, 6: 177 –194.

[14] Baxter, Nevins D.. Leverage, Risk of Ruin and the Cost of Capital. The Journal of Finance, 1967, 4: 395 –404.

[15] Beaver, W. H.. Financial Ratios as Predictors of Failure, Empirical Research in Accounting: Selected Studies. Journal of Accounting Research 1966, 4 (Supp –1): 79 –111.

[16] Beaver, W. H.. Alternative Accounting Measures as Predictors of Failure. The Accounting Review, 1968, 1: 113 –22.

[17] Bibeault, D. B. Corporate turnaround: HowManagers Turn Losers into Winners. New York: McGraw – Hill. 1982.

[18] Blum, M.. Failing Company Discriminant Analysis. Journal of Accounting Research, 1974, 1: 1 – 25.

[19] Booth, P. J., and Hutchinson, P.. Distinguishing Between Failing and Growing Firms: A Note on the Use of Decomposition Measure Analysis. Journal of Business Finance & Accounting, 1989, 2: 267 –271.

[20] Bryan, D., Tiras, S., and Wheatley, C.. The Interaction of Solvency With Liquidity and Its Association With Bankruptcy Emergence. Journal of Business Finance and Accounting, 2002, 29: 935 –964.

[21] Branch, B.. The Costs of Bankruptcy: A Review. International Review of Financial Analysis, 2002, 11: 39 –57.

[22] Brennan, Michael J.. Taxes, Market Valuation and Corporate Financial Policy. National Tax Journal, 1970, 4: 417 –427.

[23] Brockman, P., and Turtle, H. J. A Barrier Option Framework for Corporate Security Valuation, Journal of Financial Economics, 2003, 67: 511 –529.

［24］ Bruton, G. D., Ahlstrom, D., and Wan, J.. Turnaround in East Asian firms: Evidence from ethnic overseas Chinese communities. Strategic Management Journal, 2003, 24: 519 – 540.

［25］ Bryant, S. M.. A Case – based Reasoning Approach to Bankruptcy Prediction Modeling, Intelligent Systems in Accounting. Finance and Management, 1997, 6: 95 – 214.

［26］ Cameron, K. S., Kim, M. U., and Whetten, D. A.. Organizational effects of decline and turbulence. Administrative Science Quarterly, 1987, 32: 222 – 240.

［27］ Casey, C., and Bartczak, N.. Using Operating Cash Flow to Predict the Financial Distress: Some Extentions. Journal of Accounting Research, 1985, 1: 384 – 401.

［28］ Casey, C., McGee, V., and Stickney, C.. Discriminating Between Reorganized and Liquidated Firms in Bankruptcy. The Accounting Review, 1986, 61: 249 – 262.

［29］ Charles, J. P., Chen, S. M., and Chen, X. S.. Is Accounting Information Value – relevant in the Emerging Chinese Stock Market? Journal of International Accounting, Auditing & Management, 2000, 5: 45 – 60.

［30］ Chen, Kung H. and Shimerda, T.. An Empirical Analysis of Useful Financial Ratios, Financial Management, 1981, 1: 51 – 60.

［31］ Chava, S., and Jarrow, R. A.. Bankruptcy Prediction with Industry Effects. Review of Finance, 2004, 8: 537 – 569.

［32］ Chowdhury, S. D.. Turnarounds: A Stage Theory Perspective. Canadian Journal of Administrative Sciences, 2002, 19: 249 – 266.

［33］ Chowdhury, S. D., and Lang, J. R.. Turnaround in Small firms: An Assessment of Efficiency Strategies. Journal of Business Research, 1996, 36: 169 – 178.

［34］ Clapham, S. E., Schwenk, C. R., and Caldwell, C.. CEO Perceptions and Corporate Turnaround. Journal of Change Management, 2005, 5: 407 – 428.

［35］ Clark, Truman A. and Mark Weistein. The Behavior of the Common Stock of Bankrupt Firms. Journal of Finance, 1983, 38: 489 – 504.

［36］ Cielen, A., Peeters, L., and Vanhoof, K.. Bankruptcy Prediction Using a Aata Envelopment Analysis. European Journal of Operational Research, 2004, 154: 526 – 532.

[37] Coats, Pamela K, and Franklin F. L.. A Neural Network Approach to Forecasting Financial Distress. The Journal of Business Forecasting, 1992, 4: 9-12.

[38] Coats, Pamela K., and Franklin, F. L.. Recognizing Financial Distress Patterns Using a Neural Network Tool. Financial Management, 1993, 3: 142-166.

[39] Collett, Nicholas, Pandit, Naresh R. and Saarikko, Jukka. Success and Failure in Turnaround Attempts. An Analysis of SMEs with in The Finnish Restructuring of Enterprises Act. Entrepreneurship & Regional Development, 2014, 26: 123-141.

[40] Davydenko, S. A., and Franks, J. R.. Do Bankruptcy Codes Matter? A Study of Defaults in France, Germany, and the U. K. Journal of Finance, 2008, 63: 565-608.

[41] Deakin, E.. A Discriminant Analysis of Predictors of Business Failure, Journal of Accounting Research, 1972, 1: 167-179.

[42] DeSilets, L., Golden, B., and Wang, Q.. Predicting Salinity in Chesapeake Bay Using Back-propagation. Computers & Operations Research, 1992, 3: 277-285.

[43] DeAngelo, H., and Masulis, R. W.. Optimal Capital Structure under Corporate and Personal Taxation, Journal of Financial Economics, 1980, 8: 3-29.

[44] Dimitras, A. I., Zanakis, S. H., and Zopounidis, C.. A Survey of Business Failure with an Emphasis on Prediction Methods and Industrial Applications, European Journal of Operational Research, 1996, 90: 487-513.

[45] Dietrich, J. R.. Discussion of Methodological Issues Related to the Estimation of Financial Distress Prediction Model. Journal of Accounting Research, 1984, 22: 83-86.

[46] Dietrich, J., and Kaplan, R. S.. Empirical Analysis of the Commercial Loan Classification Decision, Accounting Review, 1982, 57 (1): 18-38.

[47] Denis, D. J., and Denis, D. K.. Causes of Financial Distress Following Leveraged Recapitalizations. Journal of Financial Economics, 1995, 37: 129-157.

[48] Edminster, R.. An Empirical Test of Financial Ratio Analysis for Small Business Failure Prediction. Journal of Financial and Quantitative Analysis, 1972, 2: 1477-1493.

[49] Fitzpatrick, P. J.. A Comparison of Ratios of Successful Industrial Enterpri-

ses with Those of Failed Firms. Certified Public Accountant, 1932, 2: 89 -605.

[50] Fletcher, D. , and Goss, E. . Forecasting with Neural Networks: An Application Using Bankruptcy Data. Information & Management, 1993, 24: 159 -167.

[51] Frecka, T. , and Hopwood, W. . The Effects of Outliers on the Cross - Sectional Distributional Properties of Financial Ratios. Accounting Review, 1983, 1: 23 -35.

[52] Frydman, H, Altman, E, and Kao, D. . Introducing Recursive Partitioning for Financial Classification: the Case of Financial Distress. Journal of Finance, 1985, 1: 269 -91.

[53] Furrer, O. , Pandian, J. R. , and Thomas, H. . Corporate Strategy and Shareholder Value During Decline and Turnaround. Management Decision, 2007, 45: 372 -392.

[54] Gentry, J. A. , Newbold, P. , and Whitford, D. T. . Classifying Bankrupt Firms with Funds Flow Components. Journal of Accounting Research, 1985, 1: 146 - 160.

[55] Gentry, J. A. , Newbold, P. , and Whitford, D. T. . Funds Flow Components, Financial Ratios, and Bankruptcy. Joumal of Business Finance & Accounting, 1987, 4: 595 -606.

[56] Gordon, M. J. . Towards a Theory of Finacial Distress. The Journal of Finance, 1971, 2: 347 -356.

[57] Gorzalczany, M. B. , and Pista, Z. . Neuro - fuzzy Approach versus Rough Set. Journal of Management Information Systems, 1999, 16: 63 -85.

[58] Greco, S. , Matarazzo, B. , and Lowinski, S. R. . Rough Sets Methodology for Sorting Problems in Presence of Multiple Attributes and Criteria. European Journal of Operational Research, 2002, 138: 247 -259.

[59] Greene, W. . Econometric Analysis (6th. Ed). NY: Prentice - Hall. 2008.

[60] Griffin, J. M. , and Lemmon, M. L. . Book - to - Market, Equity, Distress Risk, and Stock Returns. Journal of. Finance, 2002, 5: 2317 -2336.

[61] Grinyer, P. H. , and McKiernan, P. . Generating Major Change in Stagnating Companies. Strategic Management Journal, 1990, 11: 131 -146.

[62] Hall, Stephen G.. the Macroeconomic and Microeconomic Factors Influencing Financial Distress: A Comparision of Altman's 1983 and 1993 Bankruptcy Prediction Models: [doctor dissertation], The Florida State University. 2003.

[63] Hambrick, D. C., and D'Aveni, R. A.. Top Team Deterioration as Part of The Downward Spiral of Large Corporate Bankruptcies. Management Science, 1992, 38: 1445 - 1466.

[64] Hausman, J., and Wise, D.. A Conditional Probit Model for Qualitative Choice: Discrete Decisions Recognizing Interdependence and Heterogeneous References, Econometrica, 1978, 2: 403 - 429.

[65] Hensher, D. A., Rose, D., and Greene, W.. Applied Choice Analysis: A Primer. Cambridge: Cambridge University Press. 2005.

[66] Hirst, D., Kevin, E.. Improving Financial Reports by Revealing the Accuracy of Prior Estimates. Contemporary Accounting Research, 2003, 1: 11 - 24.

[67] Hofer, C. W.. Turnaround Strategies. Journal of Business Strategy, 1980, 1: 19 - 31.

[68] Hopwood, W., McKeown, J., and Mutchler, J.. the Sensitivity of Financial Distress Prediction Model to Departures from Normality. Contemporary Accounting Research, 1984, 1: 284 - 298.

[69] Ioandinis, C. Peel, D. A., and Peel, M. J.. The Time Series Properties of Financial Ratios: Lev Revisited. Journal of Business and Accounting, 2003, 5: 699 - 714.

[70] Iman, R. L., and Conover, W. J.. Use of the Rank Transform in Regression. Technometrics, 1979, 4: 499 - 509.

[71] James, C, and Horne, Van. Fundamentals of Financial Management (10th edition), NY: Prentice Hall International, Inc. 1999.

[72] Jo, H., and Han, I.. Integration of Case - Based Forecasting, Neural Network, and Discriminant Analysis for Bankruptcy Prediction. Expert Systems with Applications, 1996, 4: 415 - 422.

[73] Jones, F. L.. Current Techniques in Bankruptcy Prediction. Journal of Accounting Literature, 1987, 6: 131 - 164.

[74] Jones, S., and Hensher, D. A.. Predicting Financial Distress: A Mixed

Logit Model. The Accounting Review, 2004, 4: 25 -78.

[75] Jones, S., and Hensher, D. A.. Modeling Corporate Failure: A Multinomial Nested Logit Analysis for Unordered Outcomes. The British Accounting Review, 2007, 39: 89 -107.

[76] Katz, S., Lilien, S., and Nelson, B.. Stock Market Behavior around Bankruptcy Model Distress and Recovery Predictions. Financial Analysts Journal, 1985, 1: 70 -74.

[77] Kane, G., Richardson, F., and Graybeal, P.. Recession - Induced Stress and the Prediction of Corporate Failure. Contemporary Accounting Research, 1996, 13: 631 -649.

[78] Kane, G. D., Richardson, F. M., and Meade, N. L.. Rank Transformations and the Prediction of Corporate Failure. Contemporary Accounting Research, 1998, 15: 145 -167.

[79] Kao, C., and Liu, S. T.. Prediction Bank Performance with Financial Forecasts: A Case of Taiwan Commercial Banks. Journal of Banking & Finance, 2004, 28: 2353 -2368.

[80] Karels, G. V., and Prakash, A. J.. Multivariate Normality and Forecasting of Business Bankruptcy. Journal of Business Finance and Accounting, 1987, 25: 573 -593.

[81] Keasey, K., and McGuinness, P.. The Failure of UK Industrial Firms for the Period 1976 - 1984, Logistic Analysis and Entropy Measures. Journal of Business Finance and Accounting, 1990, 1: 119 -135.

[82] Kryzanowski, L., Galler, M., and Wright, D. W.. Using Artificial Neural Networks to Pick Stocks. Financial Analysts Journal, 1993, 1: 21 -27.

[83] Kuan, C. M., and Liu, T.. Forecasting Exchange Rates Using Feedforward and Recurrent Neural Networks. Journal of Applied Econometrics, 1995, 4: 347 -64.

[84] Laitinen, E. K. and Laitinen, T.. Cash Management Behaviour and Failure Prediction. Journal of Business Finance and Accounting, 1998, 13: 323 -45.

[85] Lam, M.. Neural Network Techniques for Financial Performance Prediction: Integrating Fundamental and Technical Analysis. Decision Supoport Systems, 2004, 37: 567 -581.

[86] Lam, K. F., and Moy, J. W.. Combining Discriminant Methods in Solving Classification Problems in Two – group Discriminant Analysis. European Journal of Operational Research, 2002, 138: 294 – 301.

[87] Lane, W. R., Looney, S. W., and Wansely, J. W.. An Application of the Cox Proportional Hazards Model to Bank. Failure, Journal of Banking and Finance, 1986, 10: 511 – 531.

[88] Lau, H. L.. A Five – State Financial Distress Prediction Model. Journal of Accounting Research, 1987, 1: 127 – 138.

[89] Lee, Kidong, Booth, Dvid and Pervaiz, A.. A Comparison of Supervised and Unsupervised Neural Networks in Predicting Bankruptcy of Korean Firms. Expert Systems with Application, 2005, 29: 1 – 16.

[90] Lai, J., and Sudarsanam, S.. Corporate Restructuring in Response to Performance Decline: Impact of Ownership, Governance and Lenders. European Finance Review, 1997, 1: 197 – 233.

[91] Liou, D. – K., and Smith, M.. Financial Distress and Corporate Turnaround: A Review of the Literature and Agenda for Research. Accounting, Accountability & Performance, 2007, 13: 74 – 114.

[92] Maddala, G. S.. Limited Dependent and Qualitative Variables in Econometrics, Cambridge: Cambridge University Press. 1983.

[93] Mak, B., and Munakata, T.. Rule Extraction from Expert Heuristics: A Comparative Study of Rough Sets with Neural Networks and ID3, European Journal of Operational Research, 2002, 1: 212 – 229.

[94] Marais, M. L., Patell, J. M., and Wolfson, M. A.. The Experimental Design of Classification Models: An Application of Recursive Partitioning and Bootstrapping to Commercial Bank Loan Classifications, Journal of Accounting Research, 1984, 22 (Supp.): 87 – 114.

[95] Mata, J., and Portugal, P.. The Survival of New Domestic and Foreign – owned Firms. Strategic Management Journal, 2002, 23: 323 – 343.

[96] McGurr, P. T., and DeVaney, S. A.. Predicting Business Failure of Retail Firms: An Analysis Using Mixed Industry Models, Journal of Business Research, 1998, 43: 169 – 176.

[97] Merton, R. C.. On the Pricing of Corporate Debt: The Risk Structure of Interest Rates, Journal of Finance, 1974, 29: 449 - 470.

[98] Messier, W. F., and Hansen, J. V.. Inducing Rules for Expert System Development: An Example using Default and Bankruptcy Data. Management Science, 1988, 12: 1403 - 1415.

[99] Meyer, P. A., and Pifer, H. W.. Prediction of Bank Failure, Journal of Finance, 1970, 25: 53 - 868.

[100] Miller, Merton H.. Debt and Taxes, The Journal of Finance, 1977, 32 (2): 261 - 275.

[101] Min, J. H., and Lee, Y. C.. Bankruptcy Prediction Using Support Vector Machine with Optimal Choice of Kernel Function Parameters, Expert Systems with Applications, 2005, 28: 603 - 614.

[102] Modigliani, F., and Miller, M. H.. the Cost of Capital Corporation Finance and the Theory of Investment: Comment, American Economic Review, 1958, 58: 261 - 297.

[103] Modigliani, F., and Miller M. H.. Corporate Income Taxes and the Cost of Capital: A Correction, American Economic Review, 1958, 53: 433 - 443.

[104] Molina, C. A.. Are Firms Underleveraged? An Examination of The Effect of Leverage on Default Probabilities. Journal of Finance, 2005, 60: 1427 - 1459.

[105] Morrow, J., Sirmon, D. G., and Holcomb, T. R.. Creating Value in The Face of Declining Performance: Firm Strategies and Organizational Recovery. Strategic Management Journal, 2007, 28: 271 - 283.

[106] Nanda, S., and Pendharkar, P.. Linear Models for Minimizing Misclassification Costs in Bankruptcy Prediction. International Journal of Intelligent Systems in Accounting, Finance and Management, 2001, 23: 155 - 169.

[107] Ndofor, H. A., VanEvenhoven, J., and Barker III, V. L.. Software Firm Turnarounds in The 1990s: An Analys is of Reversing Decline in A Growing, Dynamic Industry. Strategic Management Journal, 2013, 34: 1123 - 1133.

[108] Norton, I., and Smith, E.. A Comparison of General Price Level and Historical Cost Financial Statements in the Prediction of Bankruptcy, Accounting Review, 1979, 1: 72 - 87.

[109] Ohlson, J.. Financial Ratio and the Probabilistic Prediction of Bankruptcy, Journal of Accounting Research, 1980, 18: 109-31.

[110] Olmeda, I., and Fernández, E.. Hybrid Classifiers for Financial Multicriteria Decision Mmaking: the Case of Bankruptcy Prediction, Computational Economics, 1997, 10: 317-335.

[111] Pandit, N. R. SomeRecommendations for Improved Research on Corporate Turnaround. Management, 2000, 3: 31-56.

[112] Pant, L. W.. An Investigation of Industry and Firm Structural Characteristics in Corporate Turnarounds. Journal of Management Studies, 1991, 28: 623-643.

[113] Pearce II, J. A.. The Value of Corporate Financial Measures in Monitoring Downturn and Managing Turnaround: An Exploratory Study. Journal of Managerial Issues, 2007, 19: 253-270.

[114] Pearce II, J. A., and S. C. Michael. Strategies toPrevent Economic Recessions from Causing Business Failure. Business Horizons, 2006, 49: 201-209.

[115] Pearce II, J. A., and Robbins, K.. Toward Improved Theory and Research on Business Turnaround. Journal of Management, 1993, 19: 613-636.

[116] Pettigrew, A. M.. Context and action in the transformation of the firm. Journal of Management Studies, 1987, 24: 649-670.

[117] Pettigrew, A. M.. Context and Action in The Transformation of The Firm: A Reprise. Journal of Management Studies, 2012, 49: 1304-1328.

[118] Park, C., and Han, I.. A Case-Based Reasoning with the Feature Weights Derived by Analytic Hierarchy Process for Bankruptcy Prediction, Expert Systems With Applications, 2002, 3: 225-264.

[119] Pajunen, K.. Comparative Causal Analysis in Processsual Strategy Research: A Study of Causal Mechanisms in Organizational Decline and Turnarounds, Advances in Strategic Management, 2005, 22: 415-456.

[120] Pinches, G., E., and Mingo, K., A.. A Multivariate Analysis of Industrial Bond Ratings. Journal of Finance, 1973, 3: 1-18.

[121] Piramuthu, S., Ragavan, H., and Shaw, M.. Using Feature Construction to Improve the Performance of Neural Networks, Management Science, 1998, 3: 416-430.

[122] Robbins, D. K., and Pearce II, J. A.. Turnaround: Retrenchment and recovery. Strategic Management Journal, 1992, 13: 287 – 309.

[123] Robbins, D. K., and Pearce II, J. A.. Entrepreneurial Retrenchment among Small Manufacturing Firms. Journal of Business Venturing, 1993, 8: 301 – 318.

[124] Robins, J. A.. Organization as strategy: Restructuring Production in The Film Industry. Strategic Management Journal, 1993, 14: 103 – 118.

[125] Rose, P. Andrews, W. and Giroux, G.. Predicting Business Failure: A Macroeconomics Perspective. Journal of Accounting, Auditing and Finance, 1982, 1: 20 – 31.

[126] Ross, S. A., Westerfield, R. W., and Jaffe, J.. Corporate Finance, New York: McGraw – Hill Companies. 1999.

[127] Ryu, Y. U., and Yue, W. T.. Firm Bankruptcy Prediction: Experimental Comparison of Isotonic Separation and other Classification Approaches, IEEE transactions on Systems, Management and Cybernetics, Systems and Humans, 2005, 5: 727 – 737.

[128] Salchenberger, L. M., Ciner, E. M., and Lash, N. A.. Neural Networks: A New Tool for Predicting Thrift Failures, Decision Science, 1992, 4: 899 – 916.

[129] Schmidt, P., and Strauss, R. P.. The Prediction of Occupation Using Multiple Logit Models, International Economic Review, 1975, 16: 471 – 486.

[130] Schendel, D., Patton, G. R., and Riggs, J.. Corporate Turnaround Strategies: A Study of Profit Decline and Recovery. Journal of General Management, 1976, 3: 3 – 12.

[131] Schendel, D. E., and Patton, G. R.. Corporate Stagnation and Turnaround. Journal of Economics &Business, 1976, 28: 236 – 242.

[132] Scherbaum, C. A., and Meade, A. W.. New Directions for Measurement in Management rResearch. International Journal of Management Reviews, 2013, 15: 132 – 148.

[133] Schmitt, A., and Raisch, S.. Corporate Turnarounds: The Duality of Retrenchment and Recovery. Journal of Management Studies, 2013, 50: 1216 – 1244.

[134] Schweizer, Lars, and Nienhaus, Andreas. Corporate Distress and Turn-

around: Integrating the Literature and Directing Future Research. Business Research, 2017, 10: 3 -47.

[135] Scott, J.. The Probability of Bankruptcy: A Comparison of Empirical Predictions and Theoretic Models, Journal of Banking and Finance, 1981, 5: 317 -44.

[136] Sinkey, J. F.. A Multivariate Statistical Analysis of The Characteristics of Problem Banks, The Journal of Finance, 1975, 1: 21 -36.

[137] Slatter, S.. Corporate recovery: Successful Turnaround Strategies and Their Implementation. Harmondsworth, UK: Penguin Books. 1984.

[138] Smith, M., and Graves, C.. Corporate Turnaround and Financial Distress. Managerial Auditing Journal, 2005, 20: 304 -320.

[139] Stiglitz, Joseph E.. A Re - examination of the Modigliani - Miller Theorem. The Amercian Economic Review, 1969, 59: 784 -793.

[140] Stone, B.. Discussant Remarks on J. Warner's Bankruptcy Costs. Journal of Finance, 1977, 32: 366 -368.

[141] Sudarsanam, S., and Lai, J.. Corporate Financial Distress and Turnaround Strategies: An Empirical Analysis. British Journal of Management, 2001, 12: 183 -199.

[142] Taylor, B.. Turnaround, Recovery and Growth. Journal of General Management, 1982, 2: 5 -13.

[143] Trahms, C. A., Ndofor, H. A., and Sirmon, D. G.. Organizational Decline and Turnaround: A Review and Agenda for Future Research. Journal of Management, 2013, 39: 1277 -1307.

[144] Varetto, F.. Genetic Algorithms Applications in the Analysis of Insolvency Risk, Journal of Banking and Finance, 1998, 22: 1421 -1439.

[145] Viscione, J. A.. Assessing Financial Distress, The Journal of Commercial Bank Lending, 1985, 2: 39 -55.

[146] Wallrafen, J., Protzel, P., and Popp, H.. Genetically Optimized Neural Network Classifiers for Bankruptcy Prediction. Proceedings of the 29th Annual Hawaii International Conference on System Science, 1996, 2: 419 -426.

[147] Wan, W. P., and Yiu, D. W.. From Crisis to Opportunity: Environmental Jolt, Corporate Acquisitions, and Firm Performance. Strategic Management Journal,

2009, 30: 791 -801.

[148] Warner, J. B. , Watts, R. L. , and Wruck, K. H. . Stock Prices and Top Management Changes. Journal of Financial Economics, 1988, 20: 461 -492.

[149] Ward, T. J. Cash Flow Information and the Prediction of Financially Distressed Mining, Oil and Gas Firms: A Comparative Study. Journal of Applied Busines Research, 1994, 10: 78 -87.

[150] Ward, Terrry J. The Impact of the Response Measure Used for Financial Distress on Results Concerning on the Predictive Usefulness of Accounting Information, Academy of Accounting and Financial Studies Journal, 2007, 3: 85 -107.

[151] Westgaard, S. , and Wijst, N. Default Probabilities in a Corporate Bank Portfolio: A Logistic Model Approach, European Journal of Operational Research, 2001, 1: 338 -349.

[152] Whitaker, R. B. The Early Stages of Financial Distress, Journal of Economics and Finance, 1999, 2: 123 -133.

[153] Wilcox, J. . A Gambler's Ruin Prediction of Business Failure Using Accounting Data, Sloan Management Review, 1971, 1: 1 -10.

[154] Wilcox, J. . The Gambler's Ruin Approach to Business Risk. Sloan Management Review, 1976, 1: 33 -46.

[155] White, M. . Bankruptcy Liquidation and Reorganization: Handbook of Modern Finance. MA: Warren and Lamont, Boston. 1984.

[156] Winn, J. . Performance measures for corporate decline and turnaround. Journal of General Management, 1993, 19: 48 -63.

[157] Winn, J. . Asset Productivity Turnaround: The Growth Efficiency Challenge. Journal of Management Studies, 1997, 34: 585 -600.

[158] Wruck, K. H. . Financial Distress, Recongization and Organizational Efficiency. Journal of Financial Ecinomics, 1990, 27: 419 -444.

[159] Zavgren, C. . The Prediction of Corporate Failure: The State of the Art. Journal of Accounting Literature, 1983, 2: 1 -38.

[160] Ziarko, W. . Variable Precision Rough Set Model. Journal of Computers and Systems Sciences, 1993, 46: 39 -59.

[161] Zmijewski, M. . Methodological Issues Related to the Estimation of Finan-

cial Distress Prediction Models. Journal of Accounting Research, 1984, 20: 59 - 82.

［162］陈佳贵．关于企业生命周期的探讨［J］．中国工业经济，1988（2）．

［163］陈工孟，芮萌，许庆胜．现代企业财务困境预测［M］．上海：上海财经大学出版社，2006.

［164］单东．企业财务困境研究的理论方法与应用［J］．财经界，2017（7）．

［165］古扎拉蒂．计量经济学基础［M］．北京：中国人民大学出版社，2005.

［166］关键，李世辉，李伟斌．中小企业投资类利益相关者关系质量、扭亏战略与财务脱困的实证研究［J］．会计研究，2011（7）．

［167］姜国华，王汉生．上市公司连续两年亏损就应该被"ST"吗？［J］．经济研究，2005（3）．

［168］姜国华，岳衡．大股东占用上市公司资金与上市公司股票回报率关系的研究［J］．管理世界，2005（9）．

［169］季伟伟．企业财务困境预测研究的历史演进［J］．财会月刊，2018（6）．

［170］胡向坤．财务困境成本计量模型研究综述［J］．市场周刊，2012（1）．

［171］李秉成．企业财务困境研究——上市公司财务困境实证分析［M］．北京：中国财政经济出版社，2004.

［172］李秉祥．企业财务危机非线性组合预测方法及实证［J］．系统工程理论与实践，2004（6）．

［173］楼顺天，陈生潭，雷虎民．MATLAB 5. X 程序设计语言［M］．西安：电子科技大学出版社，2000.

［174］吕长江，徐丽莉，周琳．上市公司财务困境与财务破产的比较分析［J］．经济研究，2004（8）．

［175］吕长江，赵岩．上市公司财务状况分类研究［J］．会计研究，2004（11）．

［176］吕长江，赵宇恒．ST 公司生命轨迹的实证分析［J］．经济管理，2006（4）．

［177］陆国庆．产业衰退论［M］．南京：南京大学出版社，2002.

［178］马若薇．上市公司财务困境预测模型研究［M］．北京：知识产权出版社，2008.

［179］麦海燕．股权结构影响公司脱困吗［J］．山西财经大学学报，2010（7）．

［180］冉敏．衰退企业扭转战略选择研究［D］．［博士学位论文］．西南财

经大学，2009.

［181］吴世农，卢贤义．我国上市公司财务困境的预测模型研究［J］．经济研究，2001（6）．

［182］伍德里奇．横截面与面板数据的经济计量分析［M］．王忠玉，译．北京：中国人民大学出版社，2007.

［183］吴世农，黄世忠．企业破产的分析指标和预测模型［J］．中国经济问题，1986（6）．

［184］王震，刘力．困境公司价值相关性研究［J］．管理世界，2003（1）．

［185］王震．中国经营困境公司绩效、重组与公司治理研究［M］．北京：经济科学出版社，2005.

［186］王治政．上市公司破产重整和债务重组方式的比较研究［J］．浙江金融，2015（12）．

［187］希拉里·罗森伯格．兀鹫投资者［M］．上海：上海财经大学出版社，2006.

［188］夏冬林．财务会计信息的可靠性及其特征［J］．会计研究，2004（1）．

［189］张春．公司金融学［M］．北京：中国人民大学出版社，2008.

［190］张思明．美国破产重整 DIP 融资制度研究［J］．商业研究，2016（6）．

［191］张一林，蒲明．债务展期与结构性去杠杆［J］．经济研究，2018（7）．

［192］庄倩，陈良华．财务困境理论的预测动态性改进与应用［J］．审计与经济研究，2014（5）．

［193］周君．财务困境上市公司脱困方法透析［J］．新疆职业大学学报，2008（5）．

［194］郑海燕．我国资本市场控股股东境况、支持行为与公司脱困路径关系研究［J］．经济经纬，2015（3）．